FiNALEonline.de

FiNALEonline.de ist die digitale Ergänzung zu deinem Arbeitsbuch. Hier findest du eine Vielzahl an Angeboten, die dich zusätzlich bei deiner Prüfungsvorbereitung in Englisch unterstützen!

Das Plus für deine Prüfungsvorbereitung:

- Original-Prüfungsaufgaben mit Lösungen (bitte Code von S. 2 eingeben)
- Tipps zur Prüfungsvorbereitung, die das Lernen erleichtern
- Audiodateien zu den Hörverstehensübungen (bitte Code von S. 2 eingeben)

Online-Grundlagentraining

Du hast noch Lücken aus den vorherigen Schuljahren? Kein Problem! Das Online-Grundlagentraining auf FiNALEonline.de hilft dir dabei, wichtigen Lernstoff nachzuarbeiten und zu wiederholen.
Und so funktioniert es:

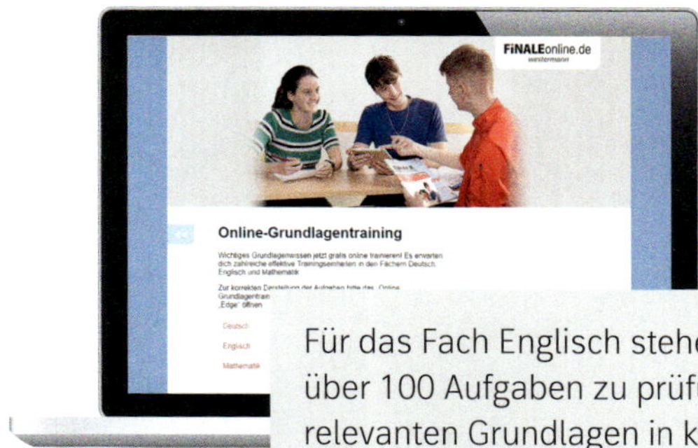

Für das Fach Englisch stehen dir über 100 Aufgaben zu prüfungsrelevanten Grundlagen in kurzen Trainingseinheiten zur Verfügung.

Unser Tipp für Lehrerinnen und Lehrer:
Nutzen Sie unsere vielfältigen Arbeitsblätter auch für Ihren Unterricht.

Für Lehrerinnen und Lehrer:
Die Lehrerhandreichung für den optimalen Einsatz der Arbeitsbücher im Unterricht zum kostenlosen Download!

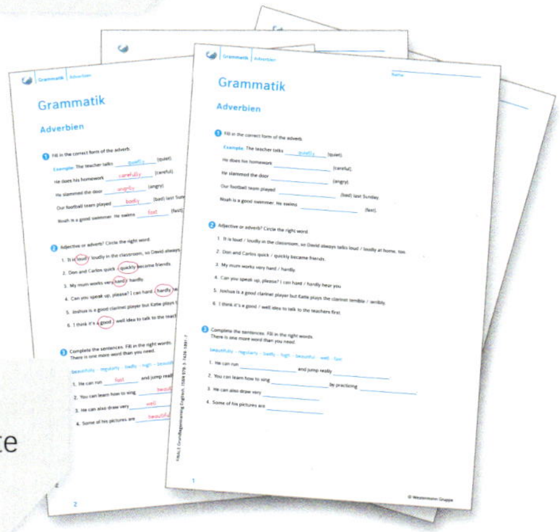

Du übst lieber auf Papier? Dann klicke auf „PDF" und drucke dir die gewünschte Trainingseinheit einfach aus.

westermann

FiNALE Prüfungstraining

Berlin und Brandenburg

Mittlerer Schulabschluss / Erweiterte Berufsbildungsreife 2023

Englisch

Elke Dreyer
Katrin Frost

FiNALEonline.de

Liebe Schülerin, lieber Schüler,

sobald die Original-Prüfungsaufgaben zur Veröffentlichung freigegeben sind, können sie unter **www.finaleonline.de** zusammen mit ausführlichen Lösungen kostenlos heruntergeladen werden. Gib dazu einfach diesen Code ein:

EN8z2Jm

Einfach mal reinschauen: www.finaleonline.de

westermann GRUPPE

Druck A[1] / Jahr 2022
Alle Drucke der Serie A sind im Unterricht parallel verwendbar.

Redaktion: Federlese GbR – Christina & Boris Kühne, Grevenbroich
Kontakt: finale@westermanngruppe.de
Layout: LIO Design GmbH, Braunschweig
Umschlaggestaltung: Gingco.Net, Braunschweig
Umschlagfoto: Peter Wirtz, Dormagen
Druck und Bindung: Westermann Druck GmbH, Georg-Westermann-Allee 66, 38104 Braunschweig

ISBN 978-3-7426-**2387**-4

Was erwartet dich in diesem Buch?

In einigen Wochen oder Monaten wirst du in Berlin oder Brandenburg die Abschlussprüfung im Fach Englisch ablegen. Um dir die Aufregung vor diesen bevorstehenden schriftlichen und mündlichen Tests zu nehmen und dich mit den Prüfungsanforderungen und Aufgabenformaten vertraut zu machen, haben wir Beispielaufgaben und Tipps zur gezielten Vorbereitung zusammengestellt. Alle Beispielprüfungen orientieren sich inhaltlich und sprachlich an den Berliner Originalprüfungen der letzten Jahre. Wenn du dieses Buch also schrittweise durcharbeitest, Tipps und Tricks verinnerlichst und erfolgreich anwendest, wirst du den Abschlussprüfungen ruhig und entspannt entgegensehen.

Teil A widmet sich der *schriftlichen* Abschlussprüfung. In diesem Abschnitt erhältst du Informationen zum organisatorischen Ablauf und den einzelnen Prüfungsteilen sowie zu den Aufgabenformaten. In kleinen Schritten wirst du an die Aufgabentypen herangeführt und durch Lösungshilfen und geeignete Strategien bei der erfolgreichen Bewältigung der Tests gezielt unterstützt.
Im zweiten Teilabschnitt findest du drei angeleitete Prüfungsbeispiele, die von den Aufgabenstellungen und dem Schwierigkeitsgrad Originalprüfungen entsprechen. Hier kannst du deine Kenntnisse in aller Ruhe überprüfen. Zu deiner Unterstützung findest du Lösungshilfen und Tipps, die dir die spätere selbstständige Vorgehensweise erleichtern. Der vierte Test ist die Originalprüfung Berlin aus dem Jahr 2021. Die Originalprüfung für das Jahr 2022 bekommst du im Internet, sobald sie zur Veröffentlichung freigegeben ist. Sie ist dann zu finden unter www.finaleonline.de und kann mit dem Code von Seite 2 heruntergeladen werden.

Hast du noch Lücken aus den vorherigen Schuljahren? Dann empfehlen wir dir das FiNALE Grundlagentraining Englisch (ISBN 978-3-7426-1891-7). Es bietet prüfungsrelevantes Grundlagenwissen zum Nachschlagen und Üben. Ergänzend dazu findest du unter www.finaleonline.de/grundlagentraining ein kostenloses Online-Training aus interaktiven Übungsaufgaben und Arbeitsblättern zum Ausdrucken.

In **Teil B** erhältst du Informationen zur *mündlichen* Prüfung. Auch hier widmet sich der erste Abschnitt dem organisatorischen Ablauf und den Prüfungsthemen bzw. -formaten.
Darüber hinaus haben wir dir auch hier eine Sammlung von Strategien und Hilfen zur effektiven Prüfungsvorbereitung zusammengestellt. Du findest zahlreiche Redewendungen sowie Tipps und Tricks, die dir helfen, im mündlichen Prüfungsgespräch erfolgreich zu bestehen.

In **Teil C** findest du Beispielaufgaben zu den Kompetenzbereichen Schreiben und Mediation. Solche Aufgabenformate wurden in der schriftlichen Abschlussprüfung zum eBBR/MSA in Berlin bis 2019 verwendet. Die Berliner Senatsverwaltung hat im März 2021 entschieden, in den Jahren 2021/22 und 2022/23 die schriftliche Abschlussprüfung auf die Kompetenzbereiche Hören und Lesen zu beschränken, um pandemiebedingt veränderte Lernbedingungen zu berücksichtigen. Allerdings sollen die Kompetenzbereiche Schreiben und Sprachmittlung auch weiterhin angemessen im Unterricht berücksichtigt werden und den Schwerpunkt der Klassenarbeiten bilden, die du zusätzlich zur schriftlichen Prüfung im Verlauf des Schuljahres schreibst. Daher bietet dir dieser Teil die Möglichkeit, dich optimal auf solche Klassenarbeiten vorzubereiten und deine Fähigkeiten im Schreiben und in der Sprachmittlung zu üben und zu verbessern.

Alle Übungen, zu denen es Audio-Dateien gibt, erkennst du an diesem Symbol . Um die Audio-Dateien anzuhören, gib auf der Internetseite www.finaleonline.de den Code von Seite 2 ein.
Dem Buch beigelegt ist natürlich ein Lösungsheft.

Wir sind uns sicher, dass du dich nach der Bearbeitung dieses Buches für das „Finale“ gewappnet fühlst, und wünschen dir für die Prüfung viel Erfolg.
Das Autorenteam

Teil A Die schriftliche Prüfung

A 1 Vorbereitung: Let's get ready for the test!

A 1.1 Was wird in der schriftlichen Prüfung erwartet?

Die zentrale Abschlussprüfung im Fach Englisch ist in Berlin und Brandenburg eine **kombinierte** Prüfung zur erweiterten Berufsbildungssreife (eBBR) und zum mittleren Schulabschluss (MSA). Das bietet dir die Chance, entweder die Anforderungen für die eBBR oder für den MSA zu erfüllen. Dabei entscheidet die Anzahl der erreichten Punkte darüber, welchen der beiden Schulabschlüsse du erzielt hast.

Die **schriftliche Prüfung in Berlin** enthält üblicherweise Aufgaben zum Hör- und Leseverstehen, zum Schreiben und zur Sprachmittlung. Damit unterscheidet sie sich sicher nicht sehr von Klassenarbeiten, mit denen du schon vertraut bist. Im Schuljahr 2021/22 und 2022/23 werden auf Beschluss der zuständigen Senatsverwaltung in Berlin in der schriftlichen Abschlussprüfung allerdings nur die rezeptiven Kompetenzbereiche Hören und Lesen überprüft. Auf die Prüfungsteile Schreiben und Sprachmittlung wird in diesen beiden Jahren in der Abschlussprüfung verzichtet. Jedoch bilden diese den Schwerpunkt der Klassenarbeiten, die du im Verlauf des Schuljahres schreibst.

Die **schriftliche Prüfung in Brandenburg** besteht im Regelfall ebenso aus den Kompetenzbereichen Hör- und Leseverstehen. Pandemiebedingt hat das Ministerium für die Jahre 2022 und 2023 jedoch beschlossen, dass sich die Schülerinnen und Schüler vorab und nach Rücksprache mit der unterrichtenden Lehrkraft für einen der beiden Bereiche entscheiden. Da der Arbeitsaufwand somit verringert ist, werden Bearbeitungszeit und Bewertungspunkte entsprechend angepasst.

A 1.2 Zum Aufbau der schriftlichen Prüfung

Die schriftliche Prüfungsarbeit besteht in Berlin aus zwei Teilen und in Brandenburg aus einem von zwei Teilen, in denen unterschiedliche Fertigkeiten überprüft werden:
Teil I: Hörverstehen
Teil II: Leseverstehen

Im **ersten Teil** der Prüfung wird das Hörverstehen überprüft. Dazu werden dir vier verschiedene Hörtexte vorgespielt. Der vierte Hörtext ist besonders anspruchsvoll und wird in den Originalprüfungen mit einem Stern (*) gekennzeichnet.
Zu jedem Hörtext erhältst du unterschiedliche Aufgaben, z. B. das Zuordnen von Bildern zu (Lautsprecher-) Ansagen oder die Auswahl der korrekten Lösung aus mehreren Antwortmöglichkeiten (Multiple Choice). Diese Art von Aufgaben ist dir sicherlich nicht neu. **Aber Vorsicht:** Lass dich nicht täuschen! Oft sind die Antwortmöglichkeiten derart ähnlich, dass man leicht etwas Falsches ankreuzt. Es gilt, genau hinzuhören und die Aufgabenstellung und Antwortmöglichkeiten in Ruhe zu bedenken.
Im **zweiten Teil** der Prüfung werden deine Fertigkeiten im Lesen getestet. Du erhältst einen zweiten Aufgabenbogen, den du selbstständig und in deinem individuellen Tempo bearbeiten kannst.
Das **Leseverstehen** wird anhand drei unterschiedlicher Leseaufgaben überprüft. In der Regel wird hier getestet, ob und inwieweit du in der Lage bist, unterschiedlich langen Texten beziehungsweise Textsorten Informationen zu entnehmen. Das Textangebot reicht von Hinweisschildern bis hin zu längeren Zeitungsartikeln. Zu jedem Lesetext bekommst du Aufgaben, zu denen du wiederum die richtigen Lösungen auf dem Aufgabenbogen angeben sollst. Das sind in der Regel Auswahl-(Multiple Choice) und Zuordnungsaufgaben (*matching*). Auch hier gilt: Nimm dir Zeit und lies die Aufgabe und die Antwortmöglichkeiten **genau** durch! Ein voreiliges Vorgehen führt auch hier schnell zu Fehlentscheidungen.

A 1.3 Weitere Hinweise und Informationen zur schriftlichen Prüfung

1. In den Aufgaben zur Überprüfung des Hör- und Leseverstehens erhältst du für jede richtige Antwort einen Punkt.
2. Zur Bearbeitung aller Prüfungsaufgaben stehen dir **insgesamt 135 Minuten** zur Verfügung: 45 Minuten für den Hörverstehensteil (Teil I) und 90 Minuten für den Leseverstehensteil (Teil II).
3. Die Benutzung eines Wörterbuches oder anderer Hilfsmittel ist **nicht gestattet**.
4. Die Aufsicht führende Lehrkraft beantwortet während der Prüfung keine fachlichen Fragen. Du musst dir die Aufgaben also immer ganz genau durchlesen.

A 1.4 Hören

Im Hörverstehensteil der Prüfung kannst du zeigen, inwiefern du in der Lage bist, aus unterschiedlich langen und komplexen Hörtexten detaillierte bzw. globale Informationen zu entnehmen. Das können Lautsprecherdurchsagen, Sprachnachrichten, Radiospots, Diskussionen oder Gespräche sein, wie sie dir in englischsprachigen Ländern tatsächlich begegnen können. Dabei musst du dich je nach Sprechsituation und/oder Herkunft der Sprechenden auf verschiedene Hintergrundgeräusche, variierende Sprechgeschwindigkeiten und auch unterschiedliche Akzente der englischen Sprache einstellen. Das erfordert viel Konzentration, weshalb die Überprüfung des Hörverstehens in der Regel zu Beginn der Prüfung erfolgt.

TIPP Radiospots

Radiospots sind häufig extrem kurz und werden sehr schnell gesprochen. Deshalb ist es wichtig, auf dir bekannte Schlüsselwörter (Nomen und Verben) zu achten. Sie geben dir oft Hinweise auf das Thema oder die Textaussage. Auch Hintergrundgeräusche verraten dir etwas über den Ort oder die Situation.

In den verschiedenen Aufgabenformaten werden drei Arten des Hörverstehens überprüft:
Globales Hörverstehen bedeutet, dass du den Hauptgedanken eines Hörtextes verstehst. Dazu musst du meist herausfinden, wer mit wem spricht, was die allgemeine Sprechsituation ist (z. B. auf dem Bahnhof, am Telefon usw.) und worum es allgemein geht. Einzelheiten sind dabei nicht so wichtig.
Durch **selektives Hörverständnis** beweist du, dass du die Antwort auf eine ganz bestimmte Frage heraushören kannst. Du versuchst also, ganz gezielt eine Information (einen Preis, eine Uhrzeit, eine Bahnsteignummer usw.) herauszuhören. Die anderen Informationen des Textes musst du dafür nicht vollständig verstehen.
Detailliertes Hörverstehen ist wichtig, wenn du Einzelheiten und genauere Informationen oder Haltungen aus Gesprächen oder Berichten entnehmen sollst. Diese Art des Hörverstehens erfordert sicherlich die höchste Konzentration, da auf alles Gesagte geachtet werden muss.

INFO zu den Aufgabentypen

Zur Überprüfung des Hör- und Leseverstehens werden in der Regel folgende Arten von Aufgabentypen verwendet:
1. *Multiple choice* (= *Tick the correct answer.*)
2. *Note-taking* (= *Complete a table/grid using keywords.*)
3. *Matching* (= *Find the matching "partner(s)".*)

Welche Aufgabenformate erwarten dich beim Hören?
Insgesamt erwarten dich vier unterschiedliche Aufgabenteile, die wie folgt aussehen:
Im **ersten Hörverstehensteil** geht es darum, **detaillierte Fakten** aus Lautsprecheransagen oder anderen öffentlichen Durchsagen sowie Telefon- oder Voicemailnachrichten herauszuhören. Das können Uhrzeiten, Ortsangaben, Wettererscheinungen, Werbeprodukte oder ähnliche Informationen sein. Du erhältst zu jeder Frage drei bis vier Auswahlmöglichkeiten, die jeweils durch ein Bild unterlegt werden. Deine Aufgabe ist es, dich für das richtige Bild entscheiden.

AUFGABENBEISPIEL ZUM 1. HÖRVERSTEHENSTEIL

- You are going to hear four people reacting to pictures.
- Look at the pictures and then listen to each message.
- Decide which picture each speaker reacts to and put a tick in the right box.
- You can listen to the recording twice.

1. Which picture does the speaker react to?			

A ☐	**B** ☐	**C** ☐	**D** ☐

Im **zweiten Hörverstehensteil** werden dir etwa vier **Radiospots** (z. B. Radiowerbungen) vorgespielt. Diese haben oft ein hohes Sprechtempo und sind zum Teil mit Musik oder anderen Geräuschen unterlegt. Deine Aufgabe ist hier, den Hauptgedanken des Spots zu erkennen. Dazu bekommst du in der Aufgabenstellung eine Liste von fünf bis sechs Slogans, die du dem jeweiligen Spot zuordnen musst, oder du bekommst pro Radiospot mehrere Antwortmöglichkeiten und musst dich für eine entscheiden.

AUFGABENBEISPIEL ZUM 2. HÖRVERSTEHENSTEIL

You are going to hear a radio ad.

- Read the statements below and listen to the recording.
- Tick the correct statement.
- You can listen to the recording twice.

A	Become a paramedic and help others!	☐
B	Experience a great festival at work!	☐
C	Join Dr Howard and get fit!	☐

Der **dritte Hörverstehensteil** überprüft im Anschluss deine Fähigkeit, wichtige Einzelinformationen aus längeren Monologen, Berichten verschiedener Sprecherinnen und Sprecher, Podcasts oder Gesprächen unter Freunden herauszuhören und in Form von komprimierten Stichpunkten in eine Tabelle einzutragen. Dabei kann es sich oft um persönliche Erfahrungsberichte und Gespräche zu einem Thema handeln. Die Aufgabenstellung bzw. Tabelle gibt dir vor, zu welchen Aspekten dieses Themas du Informationen erfassen sollst. Unter Umständen sind bereits Teile der Tabelle exemplarisch ausgefüllt, und Zellen, zu deren Fragestellung im Hörtext keine Informationen vorkommen, sind durchgestrichen.

AUFGABENBEISPIEL ZUM 3. HÖRVERSTEHENSTEIL

- You are going to hear three people talking about their favourite holiday.
- You can listen to the recording twice.
- Complete the table below. Use 1 to 5 words or numbers for each answer.

	Where did they go?	**What did they do?**	**Best experience**	**Costs**
	1	3	watching a falcon hunt	7
		4	5	8
	2		6	9

Im **vierten Hörverstehensteil** verfolgst du als Hörer/-in eine Talkshow oder Radiodiskussion zu einem alltagsrelevanten Thema. Dabei diskutieren verschiedene Personen (manchmal moderiert), deren Argumente, aber auch Gefühle und Einstellungen du erkennen sollst. In der Aufgabenstellung bekommst du dazu verschiedene Antwortmöglichkeiten oder Aussagevarianten und musst die passenden heraushören und markieren.

AUFGABENBEISPIEL ZUM 4. HÖRVERSTEHENSTEIL

- You are going to hear a radio programme about eco-friendly tourism.
- There are three speakers: Jenny O'Reilly (the host), Dr. Louise Lehane (an environmental scientist), Tony Porter (a travel blog writer) and Hester Ingleman (a caller).
- You can listen to the recording twice.
- Read the statements below first, then listen to the recording. Put a tick in the box next to the correct statement. Only one statement is correct.

1. According to Dr. Lehane, what is the first step in making one's travels more eco-friendly?	A	travelling by car instead of plane	☐
	B	travelling less	☐
	C	travelling to destinations closer to home	☐

Welche Strategien helfen dir beim Hörverstehen?
Alle Hörtexte der schriftlichen Prüfung werden dir zweimal vorgespielt. Du musst also nicht bereits nach dem ersten Hören alle Aufgaben und Fragen vollständig beantworten können.
Es gibt Strategien, die dir helfen, möglichst schnell und effektiv das Wichtigste zu erfassen. Das zweite Hören solltest du dann in jedem Fall dafür nutzen, deine Antworten genau zu überprüfen und wenn nötig zu ergänzen.

a) Vor dem Hören:

- Lies dir die Aufgabenstellung genau durch. Überlege, worum es im Hörtext gehen wird und was du schon über dieses Thema weißt. Denke darüber nach, welche englischen Wörter und Begriffe du zu diesem Thema erwarten würdest. Vielleicht begegnen dir diese ja dann wirklich im Text. Beachte, dass es machmal mehrere Wörter für einen Begriff gibt.
- Finde aus der Aufgabenstellung genau heraus, welche Details oder Informationen du erfassen sollst.
- Schau dir vorgegebene Antwortmöglichkeiten in Ruhe an. Du kannst Schlüsselwörter auch vorab markieren, damit sie dir beim Hören gleich ins Auge fallen.
- Gibt es Aussagen, die dir von vornherein wenig sinnvoll erscheinen?
- Sprich dir vorgegebene Zahlen/Uhrzeiten stumm vor, dann fällt es dir vielleicht später leichter, sie herauszuhören.
- Konzentriere dich vor dem zweiten Hören auf die Aufgabenteile, bei denen du unsicher bist oder für die dir Informationen fehlen.

b) Beim Hören:

- Konzentriere dich auf die Aufgabe und bleibe möglichst entspannt.
- Du musst nicht jedes Detail verstehen. Falls du den Faden verlierst, gib nicht auf und setze später wieder ein.
- In der Regel sind die Aufgaben und Fragen in der Reihenfolge gestellt, wie die Informationen im Hörtext auch gegeben werden.
- Lass dich möglichst nicht von Hintergrundgeräuschen, Musik oder Akzentvarianten irritieren oder ablenken.
- Überprüfe beim zweiten Hören deine Auswahl/Antwort genau.

TIPP Hörverstehen langfristig trainieren

An der Anzahl und Vielfalt der Aufgabenformate erkennst du bereits, dass es sich lohnt, Ausdauer und Konzentrationsfähigkeit beim Hörverstehen gezielt und langfristig zu üben.

- Bestimmt haben viele deiner Lieblingsfilme und -serien ein englisches Original. Dann sieh dir regelmäßig eine Folge oder einen Film in englischer Sprache an. Dazu aktiviere am besten die englischen Untertitel. So kannst du Gehörtes auch parallel mitlesen. Beginne mit einem Film oder einer Serie, die du bereits kennst. Das macht den Einstieg leichter. Heutzutage bieten nicht nur DVDs, sondern auch viele andere Medienplattformen diese Sprachauswahloption.
- Hör bei deinen englischsprachigen Lieblingssongs doch mal genauer hin. Erkennst du, worum es in dem Lied geht? Zur Hilfe und Kontrolle kannst du manchmal eine Textoption nutzen oder den Songtext im Internet finden und beim Hören mitlesen.
- Verfolge die Nachrichten oder den Wetterbericht ab und zu auf Englisch. Englischsprachige Sender wie CNN oder BBC sind zum Beispiel über das Internet verfügbar. Dabei kann es hilfreich sein, wenn du dich vorher auf Deutsch über das Weltgeschehen/Wetter informierst und die Informationen dann vergleichst.
- Für viele deiner Lehrwerke (und auch für diesen Band) gibt es begleitende Hördateien auf CD oder im Netz. Nutze diese regelmäßig, um gezielt Höraufgaben zu üben oder Lesetexte mitzuhören.
- Das Internet bietet eine Vielzahl von Quellen für authentische Hörtexte. Du findest Vlogs, Radiosender, Podcasts und mehr in englischer Sprache zu den verschiedensten Themen. Wenn du dir etwas zum Hören auswählst, was dich interessiert, kannst du gleichzeitig deine Sprachkompetenz und dein Allgemeinwissen bereichern.

Wenn du auf diese Weise langfristig und regelmäßig trainierst, wirst du schnell merken, dass nicht nur dein Hörvermögen besser wird, sondern du wirst auch deinen Wortschatz erweitern und dein Gefühl für die englische Sprache und ihre Strukturen verbessern.

A 1.5 Lesen

Bei den Leseverstehensaufgaben des MSA ist eine Auswahl an englischsprachigen Texten zu lesen und zu erfassen. Dabei wird von dir erwartet, dass du die Hauptaussage eines Lesetextes ohne die Hilfe eines Wörterbuches erschließt. Du musst aber auch in der Lage sein, detaillierte Fakten oder Einzelinformationen herauszulesen.
Insgesamt erwarten dich drei unterschiedliche Leseaufgaben.

Was erwartet dich?

Der **erste Leseverstehensteil** ist eine **Zuordnungsaufgabe**. Du erhältst Informationen zu fünf verschiedenen Personen, aufgrund derer du jeder Person aus einer Auswahl an Hobbys, Urlaubszielen, Büchern oder Ähnlichem zwei passende Items zuordnen musst.
Im **zweiten Leseverstehensteil** werden dir sechs **Kurzmitteilungen** (z. B. Reklame- oder Warnschilder, Verhaltensregeln, Hinweistafeln) präsentiert. Deine Aufgabe besteht darin, die Kernaussage dieser Mitteilungen zu erfassen.
Im **dritten Leseverstehensteil** erwartet dich ein längerer Artikel zu einem aktuellen Thema aus dem Bereich Unterhaltung. Dieser Text handelt z. B. von berühmten Persönlichkeiten und ihren Aktivitäten oder gibt Hintergrundinformationen zu aktuellen Filmen und Fernsehshows. Im Multiple-Choice-Verfahren musst du hier nachweisen, dass du sowohl die Kernaussage als auch detaillierte Textinformationen genau verstanden hast.

Lesetechniken kennen

In allen Prüfungsteilen zum Lesen sind folgende zwei **Lesetechniken** wichtig:

1. Das *skimming*: Diese Technik wendest du an, wenn du einen Text schnell überfliegst, um dir einen ersten **Überblick** darüber zu verschaffen, worum es überhaupt geht.
2. Das *scanning*: Diese Technik nutzt du, wenn du in einem Text nach **bestimmten Informationen** suchst, um Textverständnisfragen konkret zu beantworten.

Die Anwendung beider Techniken kannst du natürlich üben. Wenn du folgende Tipps und Tricks verinnerlichst, wirst du die Prüfungsaufgaben sicher wesentlich ruhiger und erfolgreicher in Angriff nehmen können.

Lesetechniken anwenden

Skimming – das „überfliegende" Lesen:

1. Schau dir zuerst die **Überschrift** an. Sie verrät dir oft schon, worum es in dem Text geht.
2. Der **erste** und der **letzte Satz** (eines Textabschnittes) sind häufig wesentlich für das inhaltliche Textverständnis.
3. Ist der Text in Abschnitte gegliedert? Jeder Abschnitt widmet sich in der Regel **einem Aspekt** des Themas (z. B. Kindheit, Karrierebeginn, heutiges Leben eines Stars) und hilft dir so, dich zu orientieren.

TIPP Lesen

- Lass dich beim Lesen nicht von unbekannten Wörtern demotivieren. Nicht jedes Wort oder Detail ist für die Lösung von Bedeutung.
- Lass Fragen, auf die du nicht sofort eine Antwort findest, zunächst ruhen. Markiere sie und beantworte sie nach Erledigung aller anderen Aufgaben.

Scanning – das „suchende" Lesen:

Du suchst gezielt nach Informationen, die dir helfen, konkrete Leseverständnisfragen zu beantworten (z. B. das Alter, Hobbys, Einstellungen oder gemeinnützige Aktivitäten einer Person). Dabei ist es oft nicht notwendig und eher zeitraubend, jeden einzelnen Satz ganz genau zu lesen.

1. Überfliege (*Skimme!*) den Text zunächst. Markiere **Schlüsselwörter** (Nomen, Verben, Jahreszahlen usw.) im Text (z. B. *years old, likes, hobbies, free time* oder *charity*), die dir später helfen, konkrete Textaussagen wiederzufinden.
2. Texte sind oft in Sinnabschnitte gegliedert. Teile sie farbig oder durch Bleistiftstriche voneinander ab.
3. Konzentriere dich ausschließlich auf diese markierten Textteile und finde Schlüsselwörter, die dir helfen, die Frage zu beantworten.

Du musst davon ausgehen, dass du beim ersten Überfliegen der Texte auf eine Vielzahl unbekannter Wörter und Wendungen stößt. Da es sich um authentische Texte, d. h. Originaltexte aus dem englischsprachigen Raum handelt, ist das auch normal und keineswegs ein Grund zur Panik. Wichtig ist, dass du Strategien kennst und anwendest, die dir helfen, strukturiert an die Leseaufgaben heranzugehen und die geforderten Informationen gezielt zu finden. Die folgende Vorgehensweise beziehungsweise **Schrittfolge** soll dich dabei unterstützen.

Schritt 1: Bereite dich auf das Lesen vor.

- Lege Materialien zum Markieren und Hervorheben von Textinformationen bereit. Das können farbige Textmarker, Buntstifte und ein Lineal sein.
- Gibt es Bilder oder eine Überschrift, die dir vielleicht schon eine Idee vom Textinhalt geben?
- Lies nun die Aufgabenstellung genau durch. Worauf musst du dich beim Lesen wirklich konzentrieren? Markiere bereits in der Aufgabenstellung wichtige Wörter und/oder Hinweise.
- Schaue anschließend die Lösungsvarianten an. Sie geben dir wichtige Hinweise auf die Textaussage bzw. einzelne wichtige Details, auf die du beim Lesen gezielt achten musst.

Schritt 2: Lies den Text aktiv.

- Lies den gesamten Text zunächst einmal zügig durch. So bekommst du einen guten Überblick, worum es überhaupt geht.
- Lies den Text jetzt unter Beachtung der Aufgabenstellung. Markiere nun wichtige Schlüsselwörter oder Wortgruppen, die für die Beantwortung der Fragen wesentlich sind. Nutze dabei verschiedene Farben für verschiedene Aspekte.

Mit unbekannten Wörtern umgehen

Beim Lesen englischsprachiger Texte werden dir immer wieder Wörter und Wendungen begegnen, die du nicht kennst. Das geht dir sicher auch bei der Lektüre einer deutschen Zeitung so und es ist kein Anlass zur Besorgnis. Um einen Text im Gesamtzusammenhang zu verstehen, muss man nicht jedes einzelne Wort kennen. Wenn dir ein bestimmtes Wort allerdings wesentlich für das Textverständnis erscheint, können dir folgende Tipps zur Bedeutungserschließung vielleicht helfen:

1. Lässt sich die Bedeutung vielleicht aus dem Satzzusammenhang erschließen?
Beispiel: "Don't let your dog foul our streets and parks. Clean up!" Im Zusammenhang mit „dog", „streets" und anschließendem „clean" kann „foul" wahrscheinlich nur eine Bedeutung haben – das „Beschmutzen" der Straße durch den Hund in irgendeiner Form.

2. Erkennst du einen Wortstamm, von dem dieses Wort abgeleitet sein könnte?
Beispiele: „unrecognizable": „recognize" = erkennen, die Vorsilbe -un verneint etwas und die Nachsilbe *-able* entspricht dem Deutschen -bar (d. h. etwas ist machbar). „unrecognizable" könnte also bedeuten: nicht zu erkennen, nicht erkennbar bzw. unkenntlich.
„payment": „pay" = bezahlen; *-ment* = Substantivendung. Das Wort bedeutet demnach Bezahlung.

3. Lässt sich die Wortbedeutung aus der Muttersprache erschließen?
Beispiele: „phenomenon" = Phänomen; „spontaneous" = spontan, „debate" = Debatte bzw. debattieren

4. Ergibt sich eine Verbindung zu weiteren Fremdsprachen, die du vielleicht kennst?
Beispiele: „gouvernement" (frz. Regierung) = „government" (engl. Regierung); „violence" (frz. Gewalt) = „violence" (engl. Gewalt) ; „fortune" (frz. Glück) – „fortunately" (engl. zum Glück / glücklicherweise)

A2 Angeleiteter Test 1

Teil I: Hörverstehen

TIPP zum Hörverstehen

Beim Hörverstehen ist es wichtig, Ruhe zu bewahren!
Denk daran, dass du alle Texte zweimal anhören kannst. Dinge, die dir vielleicht fehlen oder die du nicht genau verstanden hast, kannst du also im zweiten Anlauf noch ergänzen.

Listening Part 1: Travelling by Train – Travel Announcements

Track 1

AUFGABEN

You are going to hear two announcements.
There are two questions for each announcement.

- Look at the pictures and listen to the recording.
- Choose the correct picture and put a tick in the right box.
- You can listen to the recording twice.

Announcement One: At the station

1. Why is the train to Manchester Airport late?

A ☐

B ☐

C ☐

D ☐

2. Which platform will the train leave from?

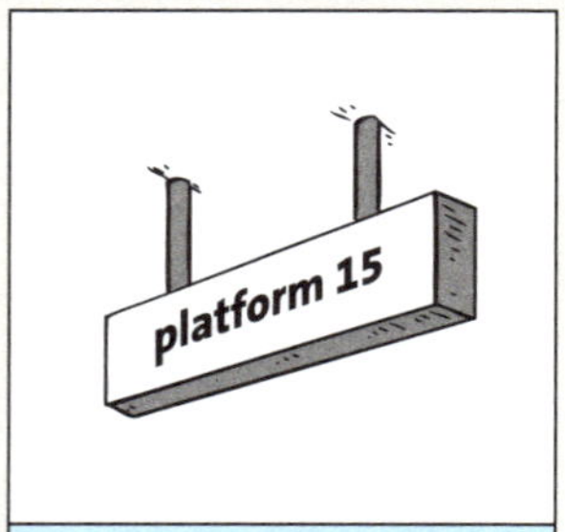

A ☐

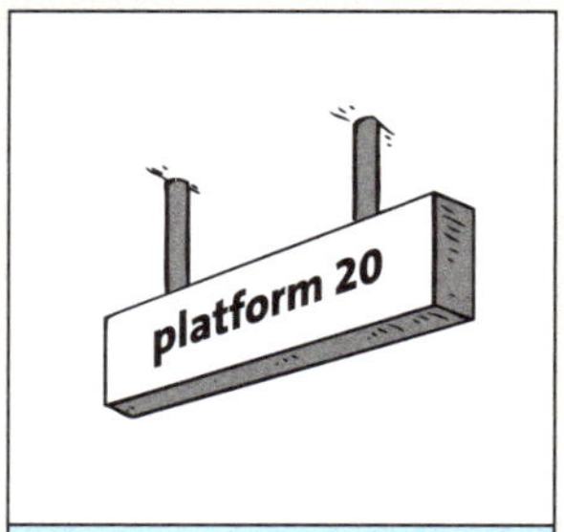

B ☐

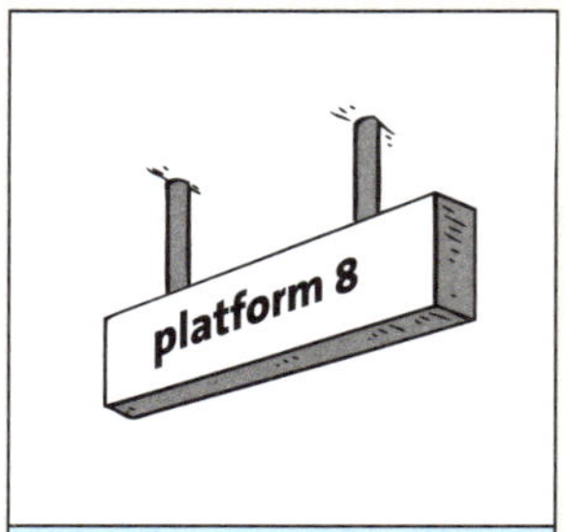

C ☐

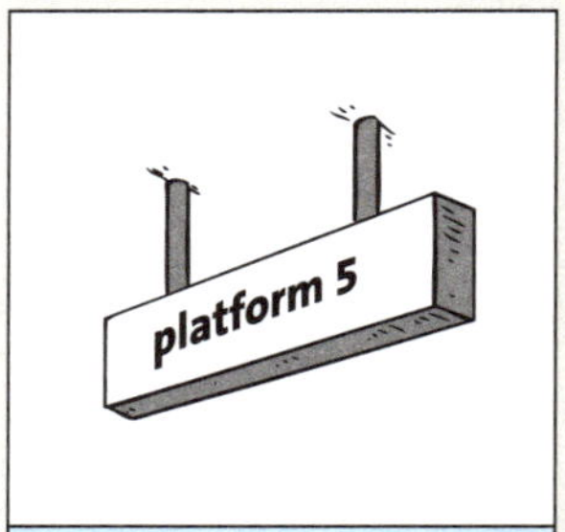

D ☐

Announcement Two: On the train

3. What can you get in the £ 4.99 meal deal?

A ☐

B ☐

C ☐

D ☐

4. Which is the Virgin train service to Manchester Piccadilly?

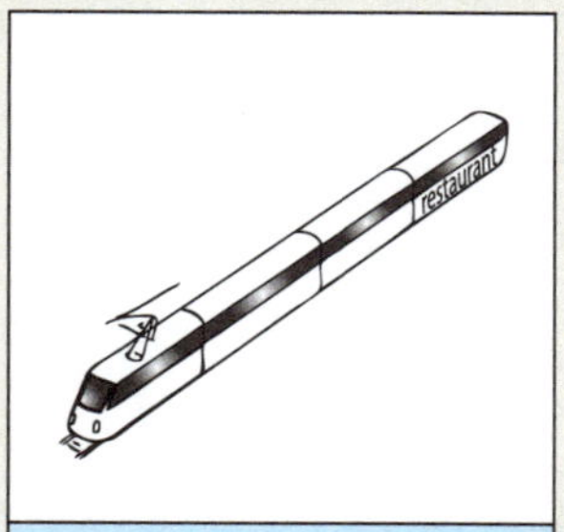

A ☐

B ☐

C ☐

D ☐

LÖSUNGSHILFEN

Du erinnerst dich sicher an die Schritte, die man beim Hörverstehen beachten sollte (S. 8): Lies dir die Aufgabenstellungen genau durch und schau dir die Bilder gut an.

Announcement 1: Die Aufgabenstellung verrät dir, dass du den Grund für die Verspätung eines **Zuges** erkennen sollst. Da das zweite Bild jedoch einen Flughafen zeigt, kannst du dieses Bild bereits ausschließen. Die Bilder 1 und 4 zeigen kaputte Dinge (Signal und Zugfenster). Achte hier also auf die Schlüsselwörter *signal* bzw. *windows*. Das dritte Bild erfordert die Wörter *rain* und/oder *clouds*.
Das Erkennen der korrekten Bahnsteignummer ist etwas einfacher. Sprich dir die vorgegebenen Zahlen vor dem Hören einfach noch einmal halblaut vor, sodass du den Klang bereits im Ohr hast.

Announcement 2: Die Überschrift „On the train" verrät dir, dass die folgende Ansage während der Zugfahrt erfolgt. Du sollst zuerst heraushören, welche Mahlzeit zu einem Sonderpreis angeboten wird. Die Bilder verraten dir auch hier die Schlüsselbegriffe, auf die du achten musst. Notiere sie dir vor dem Hören unter die Bilder: A. *pork*, *potatoes*, *salad*; B. *sausage*, *potatoes*, *salad*; C. *chicken*, *potatoes*, *salad*, *coke/drink* und D. *sandwich*, *coke/drink*.

In der letzten Teilaufgabe geht es um die Position des/der Zugrestaurants. Hilfreiche Schlüsselbegriffe könnten hier *first/last car*, *middle*, *front/mid position*, *(at the) front/back* sein.

Listening Part 2: Radio Ads

Track 2

AUFGABEN

You are going to hear four radio adverts.

- Read the statements below and listen to the recording.
- Tick the correct statement for each radio ad.
- You can listen to the recording twice.

5. (Ad 1)
This advert tells you ...

A	how to buy tickets for Glastonbury Festival.	☐
B	how to get a first aid qualification.	☐
C	what kind of work you could do at Glastonbury Festival.	☐

6. (Ad 2)
This advert ...

A	gives people the latest traffic news about highway construction work.	☐
B	wants people to buy environmentally friendly cars.	☐
C	wants people to team up and travel together in one car.	☐

7. (Ad 3)
This radio advert ...

A	wants more people to ride a bicycle.	☐
B	tells people to wear a helmet when cycling.	☐
C	asks skateboarders to wear protective clothing.	☐

8. (Ad 4)
This radio spot is looking for people who ...

A	give the money they normally earn in one hour to children in need.	☐
B	are prepared to spend one hour collecting money for children in need.	☐
C	want to do volunteer work in a children's home for one hour a week.	☐

LÖSUNGSHILFEN

a) Vor dem Hören:

Auch beim zweiten Aufgabenteil, dem Hörverstehen von Radiospots, solltest du dir zunächst die Aufgabenstellung und die Lösungsvorgaben genau durchlesen. Markiere bereits in den Lösungsvorgaben **Schlüsselwörter** (Nomen und Verben), die dir später als Signalwörter beim Textverständnis helfen.

Ad 1: Unterstreiche z. B.

A) buy, tickets, festival; B) get, first aid qualification; C) kind of work, do, at festival

b) Beim Hören:

Achte nun auf die **Hauptaussage** des Textes. Die unterstrichenen Schlüsselwörter helfen dir, wichtige Informationen „im Auge" zu behalten.

Achtung: In der Regel enthält jede Ankreuzmöglichkeit einen Aspekt, der in den Hörpassagen angesprochen wird. Nur eine passt aber genau. Lass dich also nicht irritieren und höre von Anfang bis Ende konzentriert zu.

Listening Part 3: The Summer Holidays

Track 3

AUFGABEN

- You are going to hear some friends talking about the summer holidays.
- You can listen to the recording twice.
- Complete the table below using keywords.

	holiday idea	**reason why**
David	9.	something you can be proud of
Tina	10.	13.
Michael	11.	14.
Becky	12.	15.
Tom	volunteer work	16.
Karen	give your bedroom a new look	17.

LÖSUNGSHILFEN

a) Vor dem Hören:

Lies zunächst die Überschrift und schau dir die Tabelle in Ruhe an: Es werden sich Freunde über ihre Pläne für die Sommerferiengestaltung unterhalten. Deine Aufgabe ist es, die Ideen und deren Begründung („reason why") stichpunktartig zu notieren.

b) Beim Hören:

Bewahre Ruhe. Höre konzentriert zu und notiere die Aussagen beziehungsweise Schlüsselwörter, die du verstehst. Wenn du etwas nicht sofort verstehst, ist das kein Problem. Du kannst den Text ein zweites Mal anhören.

c) Nach dem ersten Hören:

Markiere nun die Felder, auf die du beim zweiten Hören besonders achten musst. Konzentriere dich beim nächsten Durchgang vorrangig auf diese fehlenden Details.

*Listening Part 4: World Animal Day / Going Veggie?

Track 4

AUFGABEN

You are going to hear part of a radio talk about eating meat.
There are four people talking: a presenter, Amber, Dylan and Connor.

- Read the statements below and listen to the recording.
- Put a tick in the box next to the correct statement.
- In each task only one statement is correct.
- You can listen to the recording twice.

18. Of the three teenagers interviewed ...	**A**	everybody eats meat on a regular basis.	☐
	B	Amber and Dylan don't eat meat.	☐
	C	Amber is the only vegetarian.	☐

19. Amber stopped eating meat be-cause ...	**A**	she thought eating vegetables was healthier.	☐
	B	her uncle had a vegetable farm and told her not to eat meat.	☐
	C	it felt wrong to her to play with the animals and then eat them.	☐

20. Amber's parents ...	**A**	were shocked that Amber wanted to be a vegetarian.	☐
	B	found her decision easy to live with.	☐
	C	had been vegetarians before.	☐

21. Connor thinks that ...	**A**	you should always eat salad and potatoes with your meat.	☐
	B	it's not healthy to be a vegetarian, especially as a child.	☐
	C	eating no meat at all would make him go crazy.	☐

22. Dylan ...	**A**	agrees with Connor that mass animal farming is necessary and natural.	☐
	B	thinks like Amber about keeping animals.	☐
	C	isn't interested in how animals are treated.	☐

23. From a documentary Dylan has learned that …	**A**	turkeys are usually farmed very unnaturally to be fatten-ed as quickly as possible.	☐
	B	eating turkey is unhealthy.	☐
	C	turkeys in the wild don't live for very long.	☐

24. According to Amber, giving up meat …	**A**	can help fight climate change.	☐
	B	could reduce cases of heart disease by 50 %.	☐
	C	will lead to tastier vegetarian food options.	☐

25. Dylan thinks that …	**A**	people should give up meat completely.	☐
	B	people shouldn't buy mass-produced meat.	☐
	C	it isn't necessary to kill animals.	☐

LÖSUNGSHILFEN

a) Vor dem Hören:
Schritt 1: Die Überschrift und die Aufgabenstellung verraten dir bereits, dass es sich um das Thema „Tierrechte / fleischlose Ernährung" handeln muss. In der angekündigten Radiosendung werden drei Personen diskutieren, d. h., es werden unterschiedliche Meinungen vertreten sein.
Schritt 2: Lies die Antworten genau durch und markiere Schlüsselbegriffe in den Lösungsvorgaben, die dir später als Signalwörter während des Hörens hilfreich sein können. Aussage 19: Markiere z. B.
A – eating vegetables – healthier, B – uncle – vegetable farm – not eat meat, C – wrong to play – then eat
Schritt 3: Überlege, ob es Antwortvorgaben gibt, die du bereits im Vorfeld ausschließen kannst bzw. für sehr unwahrscheinlich hältst. Kennzeichne sie.
b) Beim Hören: Nutze nun deine markierten Schlüsselbegriffe als Signalwörter. Sie helfen dir, dich auf das Wesentliche zu konzentrieren. Denk daran: Gib bei Verständnisschwierigkeiten nicht auf! Bleibe ruhig und versuche, mit dem Hören immer wieder neu anzuknüpfen.

Teil II: Leseverstehen

Reading Part 1: Out and About – Notices and Signs

AUFGABEN

- Read the text of each sign.
- Read the four statements next to it and decide which statement matches the sign.
- Tick the right statement. Only one of them is correct.

1.

SAY "NO" TO CRIME IN OUR COMMUNITY!

Lock your car at all times.
Don't leave your handbag, your money, your mobile or other valuables in a parked car.
Report any suspicious activities and emergencies to your local police department under 0701011.

A	You can't park your car here.	☐
B	Next to the police department you don't need to lock your car.	☐
C	You should take things that are worth a lot with you.	☐
D	Next to the police department you don't need to lock your car.	☐

2.

At White Oak Hospital Park:

This hospital park is open to the public.
Please respect the park rules.
Take your litter home.
No alcoholic drinks allowed.
No skateboarding.
Park closes at dusk.

A	You can't drink beer in the park.	☐
B	You have to buy your drinks in the park.	☐
C	This park is only open to hospital patients.	☐
D	In summer the park is open 24 hours a day.	☐

3.

Dog fouling is litter!

So don't let your dog foul streets, parks or other people's gardens.
Clean up or pay up!
Minimum on-the-spot fine: £ 200

A	You are not allowed to walk your dog in this park.	☐
B	It will cost a lot of money if you don't clean up the dirt after your dog.	☐
C	This sign asks you to use the bins for your litter.	☐
D	It costs £ 200 a year to use these gardens.	☐

4.

Do not chain your bicycle here.
Cars and lorries have to pass through these gates at all times. Any bikes chained to the gates will be removed at the owner's expense.

A	You mustn't forget to lock your bicycle to the gate.	☐
B	You cannot park your bike here.	☐
C	Only cars or lorries can park here.	☐
D	You can't park here today because the owner is moving.	☐

5.

Yosemite Park Sign:
Bear Warning
Proper food storage required.

Do not keep food in tents or vehicles at night. Free bear-proof storage boxes available at car park entrance.

A	This sign tells you how to feed the bears.	☐
B	You can buy proper food containers at the park reception.	☐
C	You must keep your food in special containers at night.	☐
D	There are no bears in this area.	☐

LÖSUNGSHILFEN

Lies zunächst die Aufgabe in Ruhe durch. Denk daran: Um sie erfolgreich zu lösen, musst du nicht jedes Wort verstehen!
Lies die Hinweisschilder und die dazugehörigen Antwortmöglichkeiten in Ruhe durch. Konzentriere dich auf Schlüsselwörter, die dir bei der Auswahl der richtigen Aussage helfen. Achte besonders auf Modalverben wie *must/must* not, *can/cannot*, *have to*, ... usw.
Im ersten Beispiel könnten folgende Schlüsselwörter markiert werden: "crime – community – don't leave (things) – in car – report emergencies to police". Hier geht es also um die Vermeidung von Verbrechen in der Gemeinde. Du sollst (Dinge) nicht im Auto lassen und im Notfall die Polizei informieren.
Mit dieser Vorgehensweise kannst du die falschen Aussagen sehr schnell erkennen.

Reading Part 2: British Music Festivals

AUFGABEN

All the people below would like to go to a music festival.

- First read the information about them, then look at the different festivals on the next page.
- Find **two** possible festivals for each of the people below.
- Some festivals can be chosen more than once.
- Write the letters of the festivals in the boxes next to the right person.

No.	Festival 1	Festival 2		The people
6/7				a) **Cameron** lives in London and loves festivals but would like to get away from the mainstream big acts of rock. He loves electronic dance stuff and chill-out music and a bit of folk and jazz. He doesn't want to travel and can't afford more than £ 60 for a ticket, so for him a festival should be in the city.
8/9				b) **Rebecca** would like to have a weekend away from the big city seeing some great rock bands and enjoying the atmosphere and the music with other people. She can spend up to £ 200 on this. Unfortunately she won't have time for any festival in August because she is starting a new job then.
10/11				c) **Ben** is a festival-goer who loves all kinds of music – from metal to folk. Now that he is a bit older, music isn't everything. He doesn't want the big crowds and the fast food anymore. He'd prefer something different, with some theatre or the arts. He'd love to take his wife and his little two-year-old child for a festival weekend away in the countryside.
12/13				d) **Megan**, an American student, is spending a year in London and wants to experience a British music festival, but she hates camping in the countryside. She is into folk music and mainstream rock or pop. She likes making music, too. She'd like a festival day or weekend, preferably in London or in another city.
14/15				e) **Liam** loves big festivals with loud music, crowds of people, many different bands, big and famous names, camping in the field – the whole experience. He is prepared to pay quite a lot of money for that. He doesn't like all those arty family festivals with films, talk, etc. For him the perfect festival has to be two or three days of music and partying!

A	**Wilderness Festival; 12–14 August; adults – £ 99 / family ticket – £ 200** This is a very different kind of festival. Far away from the usual crowds and the camping in the dirt, it offers music, food, learning, literature and theatre – all set among the beautiful lakes and parkland of Oxfordshire. Great musicians, theatre artists and celebrated restaurant chefs create this unique experience. Activities for the whole family are organised, including nature walks and boating. Little ones can make use of the children's area with babysitting and games.
B	**Field Day; tickets on sale from £ 25.00** An Indie one-day festival with a dash of electro and dubstep. It is based in Victoria Park, East London, usually organised in early August. On different stages many dance acts will get you into the groove. As well as all the amazing music, Field Day's off-the-wall Village Green area, 'Village Mentality', will supply plenty of good food and drink.
C	**Isle of Wight Festival; 11–12 June; weekend with camping – £ 165.00** Big and friendly festival that mixes famous mainstream rock bands like the Foo Fighters or U2 with newer independent artists and bands – so there's something for everyone. Friendly crowds, great atmosphere, good parties and fantastic countryside. What a weekend!
D	**Bloodstock Open Air; 11–15 August; full weekend with camping – £ 105** The best metal and heavy rock acts from across the globe, over 12,000 fans in a field – that is what you can expect at Bloodstock in August for a weekend of loud and unspoilt heavy metal! Over 100 artists including metal legends like Motörhead will perform on three stages over three days.
E	**The Bath Folk Festival; 8–14 August; workshop tickets from £ 75** The Bath Folk Festival is a seven-day event with live concerts by over 60 acts from all over the world. You can also take part in workshops or music summer schools in many different places all across the city of Bath. Listen to music or even learn to play folk music with some of the best players in the scene.
F	**Latitude Festival; 14–17 July; weekend camping – £ 177.00; day ticket £ 76.00** The best one when it comes to combining music, art, dance and poetry. A variety of musical artists including some big names and bands, a friendly atmosphere with green fields for camping and lots of things to do for typical festivalgoers and families – from all night parties to art talks and activities for the whole family or home-made food from the nearby farms. All this set in the beautiful green spaces of Henham Park, Southwold.
G	**Wireless Festival; 1–3 July; weekend £ 104.25, day tickets £ 54.25** A festival you can get to by bus – right in Hyde Park, the heart of London. So there's no muddy field and no need to sleep in a tent. Every year this festival offers amazing line-ups with the biggest names of rock and pop. This is the big one you shouldn't miss!
H	**Finnstock (Tickets available now at just £ 7.50 from Tamesis Dock)** Festivals these days are all too expensive, over-hyped and miles away. But this one is different. Finnstock is back in London in August. Right in the middle of the Thames. No great names of mainstream music, but all the best new London bands will be there. Finnstock has everything any festivalgoer needs.

Hinweis: Die Lösungshilfen zu dieser Aufgabe findest du auf der Folgeseite.

LÖSUNGSHILFEN

Die Aufgabenstellung verrät dir bereits, dass du für jede der vorgestellten Personen zwei Festivals aus dem Angebot A bis H auswählen sollst, die seinen/ihren Interessen und Vorlieben entsprechen.
Dazu ist es unerlässlich, dass du im ersten Arbeitsschritt wichtige Informationen (= Schlüsselwörter) in der jeweiligen Personenbeschreibung markierst. Schlüsselwörter können hier z. B. das Alter, der Musikgeschmack, die Preisvorstellung oder der gewünschte Veranstaltungsort sein.
Bei Person 1 (Cameron) bieten sich beispielsweise folgende Begriffe an: *electronic, chill-out music, folk, jazz, no travel, (no more than) £ 60, in city (London)* – Auf diese Weise kannst du bereits gezielt nach preiswerten Festivals in London suchen. Die Auswahl beschränkt sich so schnell auf B,G und H. Der Musikgeschmack grenzt anschließend die Auswahl (B und H) weiter ein.

*Reading Part 3: The Flash Mob Phenomenon?

AUFGABEN

- Read the text and the statements on the opposite page.
- Put a tick in the box next to the correct statement.
- For each task only one statement is correct.

The phenomenon of the flash mob – masses of people who meet suddenly and only for a short moment in a public place for an unusual or strange perfomance – began in 2003 and quickly spread to cities all across the world. Flash mobs are organised through the internet / social media like Facebook, Twitter or viral emails. There have been many examples of popular flash mobs in recent years.

A well known one was the April 2006 Silent Disco in London. At various London underground stations, people gathered with their MP3 players and started dancing to their music at the same set time. It was reported that more than 4,000 people were dancing silently at London Victoria station alone.

Worldwide Pillow Fight Day followed in March 2008. Over 25 cities around the globe took part in the first "international flash mob", which was the world's largest flash mob to date. According to *The Wall Street Journal,* more than 5,000 people participated and threw pillows at one another in New York City. The event was organised via social networking sites, including Facebook, Myspace, private blogs, as well as by word of mouth, text messaging and email. Participating cities included Atlanta, Budapest, Chicago, Copenhagen, Melbourne, New York, Paris, Shanghai, Zurich and many more.

Then there was 29 August 2009, when around 13,000 people met in Mexico City to celebrate Michael Jackson's 51st birthday by dancing to his song "Thriller".

Although these spontaneous public meetings are usually organised as peaceful events, some of them are becoming troublesome. In a number of cities, flash mobs have led to vandalism.

Pizza shop owner Joey Rocco from Philadelphia has seen an out-of-control flash mob first-hand. His pizza place is on South Street, in the heart of the city. It is a popular hangout for both kids and tourists. It was some weeks ago, and Rocco's pizza shop was filling up with customers. "We had the windows

open; it was a beautiful night," he says. "People were sitting in the window areas, and I just happened to look out and said, 'Wow, the street is really crowded.'" Some say the crowd of youths was in the hundreds. Others say thousands. Rocco says the kids began to jump up and down, and then total chaos broke out. Some of the teens started beating each other up, while others began banging on the windows of his shop. "They were trying to climb into the windows and over the people who were dining, so we pushed them out and we locked the front doors", he says. "Whatever they had in mind, to me, it was like a home invasion."
In recent months Chicago police have also had many problems with what they call "mob thefts". Large groups of teenagers repeatedly attacked stores on Chicago's North Michigan Avenue – a busy shopping area. Usually between five and as many as thirty 13-18-year-olds meet in front of a shop. They flood inside, one of them gives a signal and then they all grab expensive goods, designer wear or other things and disappear before the police arrive. Police believe these shoplifting attacks are coordinated through text messages. Now they have special officers monitoring social networking sites and others are regularly patroling the shopping district. This strategy is beginning to show results: the number of mob thefts in the area seems to be going down.
There are also cases of unintended flash mobs. It happened to a German teenage girl only recently. She put an invitation for her Sweet Sixteen Party on Facebook and forgot to mark it as private. Despite public announcements that the party was cancelled, over 1,500 guests made their way to her Hamburg home, where local police tried to keep the crowd under control while the birthday girl had to hide somewhere else.

AUFGABEN

16. Flash mobs …	**A**	started as a phenomenon in 2003.	☐
	B	were only popular for a short period of time.	☐
	C	are usually arranged with the help of the internet.	☐
	D	both A + C	☐

17. Silent Disco was an organised flash mob …	**A**	at a dance club that opened in 2006 underneath London Victoria underground station.	☐
	B	that saw people dancing to music which only they could hear on their MP3 players.	☐
	C	that happened at only one London tube station.	☐
	D	that saw 4,000 people dancing all over London.	☐

18. Worldwide Pillow Fight Day …	**A**	happened in cities in America, Australia, Europe in 2008.	☐
	B	was the first known international flash mob.	☐
	C	was organised by the Wall Street Journal.	☐
	D	both A + B.	☐

19. On Worldwide Pillow Fight Day ...	**A**	more people took part in a global flash mob than ever before.	☐
	B	thousands of people from over 25 cities came to New York to take part in this flash mob.	☐
	C	up to 5,000 people all over the world were throwing pillows at each other.	☐
	D	both B + C.	☐

20. On 29 August 2009 ...	**A**	Michael Jackson celebrated his 51st birthday in Mexico City.	☐
	B	13,000 people all over the world were dancing to "Thriller" at the same time.	☐
	C	many thousands of people were dancing to "Thriller" in Mexico City.	☐
	D	both A + B.	☐

21. Joey Rocco's pizza place ...	**A**	is outside the city center, in the south of Philadelphia.	☐
	B	doesn't normally attract a lot of tourists.	☐
	C	was quite busy on the evening of the incident.	☐
	D	doesn't allow customers to sit by the windows.	☐

22. Joey Rocco ...	**A**	witnessed a flash mob that went violent.	☐
	B	organised a flashmob to make his pizza shop famous.	☐
	C	had over a thousand people in his pizza shop.	☐
	D	had to close his pizza shop down after a flash mob.	☐

23. Chicago ...	**A**	has special shops for 13- to 18-year-olds on North Michigan Avenue.	☐
	B	has had problems with groups of teenagers who started robbing shops.	☐
	C	is the city where teenage groups attacked the local police department.	☐
	D	has a law that doesn't allow more than five teenagers at the same time into one shop.	☐

24. Chicago police ...	**A**	have policemen walking around in the shopping district.	☐
	B	have officers checking social media for signs of flash mob activities.	☐
	C	have managed to stop all mob thefts.	☐
	D	both A + B.	☐

25. In Hamburg ...	**A**	a teenage girl planned her own flash mob birthday party.	☐
	B	over 1,500 guests turned up for a birthday party they had read about on Facebook.	☐
	C	some local policemen were also invited to the party.	☐
	D	a birthday girl was very suprised when she opened her door to 1,500 guests.	☐

LÖSUNGSHILFEN

a) Vor dem Lesen:

Bereits die Überschrift verrät dir, dass es in diesem Text um Flashmobs geht, von denen du sicher schon gehört hast. Was weißt du bereits darüber? Worum könnte es gehen?

Mit dieser Erwartungshaltung solltest du alle Ankreuzmöglichkeiten gründlich durchlesen. Gibt es Lösungsvorschläge, die dir unwahrscheinlich erscheinen bzw. die du bereits im Vorfeld ausschließen kannst? Kennzeichne sie.

Markiere außerdem Schlüsselwörter der Lösungsvorgaben (z. B. „Silent Disco“ oder „Chicago“).

b) Beim Lesen:

Auch dieser Lesetext ist in verschiedene Abschnitte gegliedert. In der Regel widmet sich jeder Abschnitt einem Aspekt des Themas. Deine markierten Schlüsselwörter (z. B. „Silent Disco“ oder „Chicago“) finden sich in einzelnen (aufeinander folgenden) Abschnitten wieder. Lies also gezielt Abschnitt für Abschnitt.

Achtung: Bei einigen Aufgaben sind zwei Lösungsvorgaben richtig. Lies deshalb immer gründlich und versuche dich zu konzentrieren.

A3 Angeleiteter Test 2

Teil I: Hörverstehen

Listening Part 1: Answerphone Messages

Track 5

AUFGABEN

You are going to hear two answerphone messages.
There are two questions for each message.

- Look at the pictures and listen to the recording.
- Choose the correct picture and put a tick in the right box.
- You can listen to the recording twice.

Answerphone Message 1

1. What does Daniel's mum want him to do?

A ☐

B ☐

C ☐

D ☐

2. When will Daniel's mum be home?

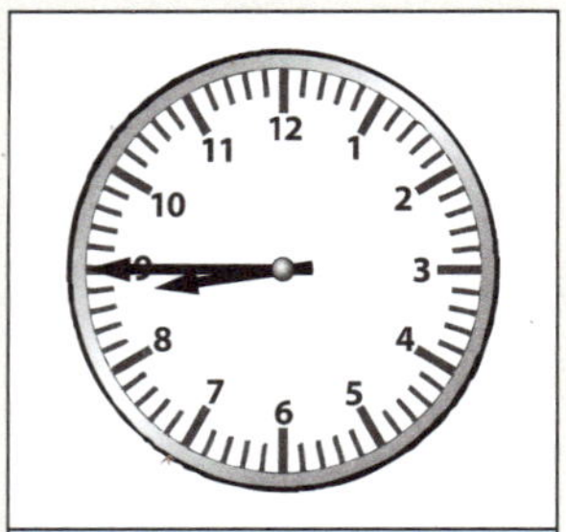

A ☐

B ☐

C ☐

D ☒

Answerphone Message 2

3. What can Stacy collect from the department store?

A ☐

B ☒

C ☐

D ☐

4. Where and when can Stacy collect her order?

A ☐

B ☒

C ☐

D ☒

LÖSUNGSHILFEN

In dieser Aufgabe geht es darum, Nachrichten auf Anrufbeantwortern im Detail zu verstehen. Die folgende Schrittfolge wird dir helfen, diese Aufgabe zum Hörverstehen erfolgreich zu lösen:

1. Lies die Aufgabenstellung und die Fragen zunächst in Ruhe durch. Schau dir die Bilder gut an.
2. Beschrifte die Bilder auf den Schreiblinien mit Schlüsselwörtern, auf die du im Hörtext achten solltest. Schreib z. B. die Uhrzeiten an die Uhren und sprich sie dir leise vor. So fällt es dir leichter, alles zu verstehen.
3. Bei Message 2 solltest du in Aufgabe 4 wichtige Informationen auf den Schildern markieren – hier geht es um das korrekte Verständnis der Etage und der Öffnungszeiten.
4. Generell gilt: Keine Panik, wenn du beim ersten Hören nicht jedes Detail verstehst!
   Beim zweiten Durchgang wirst du die fehlenden Informationen ganz sicher ergänzen können.

Listening Part 2: Radio Spots

Track 6

AUFGABEN

You are going to hear four radio spots.

- Read the eight slogans below first.
- Choose the right slogan for each spot from the list and put a tick under the right letter (A–F) in the grid.
- There is only one slogan for each spot. Two slogans can't be matched.
- You will hear the recording twice.

A) Adopt a runaway kid and help them to a new life.

B) Adopt your favourite animal and support your local zoo.

C) Be creative – try your hand at painting!

D) Keep your social media up-to-date and stay in touch.

E) Don't let social media spoil your life.

F) Show up and enjoy your local art and music scene.

G) Use your local market and support your community.

H) Watch out for the missing and help uniting families again.

		Slogan					
Number	**Radio Spot**	**A**	**B**	**C**	**D**	**E**	**F**
5	Radio Spot 1						
6	Radio Spot 2						
7	Radio Spot 3						
8*	Radio Spot 4						

LÖSUNGSHILFEN

Hier sollen die Hauptaussagen von vier Radiospots verstanden werden. Die folgenden Tipps helfen dir, dich auf Wesentliches zu konzentrieren:
Lies die Aufgabenstellung und die Slogans genau durch. Markiere Schlüsselwörter (Nomen und Verben), die dir später beim Hören als Signalwörter dienen und die dir das Textverständnis erleichtern können. Achte beim Hören auch darauf, an wen sich der Spot richtet, d. h., wer tatsächlich angesprochen wird.

Listening Part 3: A Great Barrier Reef Day Cruise

Track 7

AUFGABEN

- You are going to hear part of a guided tour of the Great Barrier Reef.
- You can listen to the recording twice.
- Complete the table below using keywords.

facts about the size of the reef (2):	one activity on the tour:
9. ______	**14.** ______
10. ______	______

sea life around the reef (2 examples):	what you learn about corals:
11. ______	**15.** ______
12. ______	______

number of visitors every year:	rule for divers at the reef:
13. ______	**16.** ______

LÖSUNGSHILFEN

Bei dieser Aufgabe solltest du vor dem Hören unbedingt die Überschrift und die in der Tabelle vorgegebenen Aspekte durchlesen, um zu erfassen, worauf du genau achten sollst. Es geht um das Great Barrier Reef in Australien. Weißt du bereits etwas darüber? Welche Meeresbewohner wird es dort vermutlich geben? Was, glaubst du, dürfen Taucher dort nicht tun? Überlege, welche englischen Wörter und Begriffe du in diesem Zusammenhang erwartest.
Beim ersten Hören bewahre Ruhe. Du musst auch hier nicht alles sofort verstehen. Markiere nach dem ersten Hören die Kästchen, auf die du beim zweiten Durchgang noch einmal genauer achten musst. Es kann sein, dass du mehrere Antwortmöglichkeiten heraushörst und gar nicht alle benötigst. Dann entscheide dich für die Antwort, die dir am sichersten erscheint.

*Listening Part 4: Teenage Ganglands

Track 8

AUFGABEN

You are going to hear part of a radio talk about teenage gangs.
There are four people talking: a presenter, Edna, Matt and Pauline.

- Read the statements below and listen to the recording.
- Put a tick in the box next to the correct statement.
- In each task only one statement is correct.
- You can listen to the recording twice.

17. One of the studio guests on the show ...	**A**	is a thirteen-year-old teenager from Hackney.	☐
	B	works in a prison for criminal teenagers.	☐
	C	has written a book about teenage gangs.	☐

18. There are reports of ...	**A**	over 150 violent knife attacks in different London areas last year.	☐
	B	growing problems with teenage knife attacks and active youth gangs.	☐
	C	over 150 gangs operating in different London areas.	☐

19. Pauline joined the gang ...	**A**	because her mother had left the family.	☐
	B	when she was 13 years old.	☐
	C	because her boyfriend got her into it.	☐

20. Edna worries about her son Jamie ...	**A**	because he goes out and doesn't tell her what he's doing.	☐
	B	because she lost her older son in a gang fight when he was 13.	☐
	C	because he has been in many fights at school.	☐

21. Matt thinks that ...	**A**	Jamie's behaviour is quite normal and not that worrying.	☐
	B	teenagers who don't talk much to their parents are at risk of becoming a gang member.	☐
	C	it's normal for teenagers to change their style and all their friends quite often and quite suddenly.	☐

22. Edna says that ...	**A**	she and Jamie often argue or fight at home.	☐
	B	Jamie suddenly had a lot of money.	☐
	C	she hasn't seen Jamie with a new phone or other gadget recently.	☐

23. Pauline's gang ...	**A**	made her feel she was in a big family.	☐
	B	stole a few little things but never acted violently.	☐
	C	specialised in stealing mobile phones.	☐

24. Pauline thinks that Edna ...	**A**	should buy Jamie a new mobile phone so that she can always contact him.	☐
	B	should check on Jamie more often and watch all his actions closely.	☐
	C	shouldn't worry too much about her son and should give him some freedom.	☐

25. Pauline ...	**A**	was lucky that she was still at school and didn't have to go to prison.	☐
	B	has been in prison and is now working with young people and children.	☐
	C	is still a gang member but is trying to get out with community help.	☐

LÖSUNGSHILFEN

Die Überschrift und die Aufgabenstellung verraten dir bereits, dass es im folgenden Hörtext um eine Radiodiskussion zum Thema „Jugendbanden/Jugendgangs" gehen wird. Stelle dich gedanklich auf dieses Thema ein und lies nun die Lösungsvorgaben genau durch. Nur eine der Aussagen stimmt jeweils.
Auch hier hilft es, Schlüsselwörter (Nomen, Verben, Ziffern/Zahlen) farbig hervorzuheben. Im ersten Beispiel wird es dir so leichter fallen herauszuhören, ob der Sprecher über 150 Messerattacken oder doch eher über 150 Jugendgangs berichtet. Versuche dich beim ersten Hören an die unterschiedlichen Stimmen der Sprechenden zu gewöhnen, damit es dir leichter fällt, sie zu erkennen und ihnen die Aussagen zuzuordnen.

Teil II: Leseverstehen

Reading Part 1: Travelling Around – Signs and Notices

AUFGABEN

- Read the text of each sign.
- Read the four statements next to it and decide which statement matches the sign.
- Tick the right statement. Only one of them is correct.

1. London Underground Safety Notice

Please
stand on the right of the escalators,
hold the handrail and
keep clear of the edges.
Take care of children.
Dogs must be carried.

A	This sign warns you about dangerous dogs.	☐
B	This sign tells you how to use the escalator safely.	☐
C	This sign warns that children shouldn't use the escalator.	☐
D	You can't take dogs on the escalator.	☐

2. London Underground

Bicycles are not permitted on the London Underground between 07.30 and 09.30 and between 16.00 and 19.00 on weekdays and cannot be taken on the moving escalators.

At all other times you can take bicycles on the designated sections of the trains.

A	This sign tells you where to park your bicycle.	☐
B	Bicycles are generally not allowed on the London underground.	☐
C	The escalators don't work weekday mornings and afternoons.	☐
D	On Sundays you can take your bike on an underground train all day.	☐

3. At a Greater London train station

Have you paid?
If you cannot produce a valid ticket when asked by a ticket inspector, you will be charged a penalty fare of £ 20 or double the amount of a single ticket. So do not forget to buy a ticket before you travel.

A	You should buy a ticket before you get on the train.	☐
B	You can buy your ticket on the train.	☐
C	You can only buy single tickets over £ 20 on the train.	☐
D	There are no ticket inspectors on the trains.	☐

4. At the airport

Can your hand luggage travel with you?
Then it should

- be light enough for you to carry and lift without help.
- not contain any sharp, dangerous or explosive items, e.g. knives, gas lighters, scissors etc.,
- not contain any liquids over the permitted 100 ml amount.

A	You shouldn't lift heavy hand luggage without help.	☐
B	You can't carry knives or scissors in your hand luggage.	☒
C	Your hand luggage shouldn't weigh more than 500g.	☐
D	You can carry as much liquid as you like with you, but only in your hand luggage.	☐

5. In a hotel room

We will provide you

with fresh towels every day. But remember, washing and drying towels uses a lot of energy. So help to save energy by using your towels again. If you want your towels replaced, place the used ones on the floor.

A	If you reuse your towels, you can help the environment.	☒
B	You can't have fresh towels every day.	☐
C	These towels are not good for drying.	☐
D	You can use these towels for drying the floor.	☐

LÖSUNGSHILFEN

Diese Art der Zuordnungsaufgabe ist dir bereits bekannt. Du weißt, dass es hier darauf ankommt, die korrekte Aussage des Hinweisschildes aus einem Angebot von vier Vorgaben auszuwählen.
Der Teufel steckt hier wieder im Detail. Achte deshalb auf die folgende Schrittfolge:

1. Lies das Schild genau durch.
2. Markiere in den Lösungsvorgaben Schlüsselwörter
   Bsp. 1)
   A: warn – dangerous dogs
   B: how – use escalator
   C: children – not – use escalator
   D: not take – dogs – on escalator
3. Finde und markiere ähnliche Formulierungen im Schild / der Bekanntmachung und den Aussagen daneben:
   Bsp. 5): save energy by using towels again = reuse your towls , help the environment

Bei dieser Vorgehensweise erkennst du sehr schnell, welche Aussage die richtige ist.

Reading Part 2: The Perfect Job

AUFGABEN

All the people below would like to work.

- First read the information about them, then look at the different jobs on the next page.
- Find **two** possible jobs for each of the people below.
- You can choose some jobs more than once.
- Write the letters of the jobs in the boxes next to the right person.

No.	Job 1	Job 2		The people
6/7				**Lauren** has just had a child. She wants to start work again but would prefer evening work so she can look after the child during the day. Lauren would be happy with part-time work. She used to be a bus driver, so a driving job would be great. She has good social skills and is also happy working with people.
8/9				**Martin** wants to find paid work for which he doesn't have to sit in one place all day. He doesn't mind irregular working hours, but it shouldn't be a tiring outdoor job. Martin has a driving licence and speaks French fluently. He enjoys contact with people but doesn't want to work with teenagers or kids.
10/11				**Kylie** is training to be a teacher and would like to get some more experience before she starts the final year of her course. She loves working with children and young people and is quite flexible with her working times. Pay is less important to her than finding the right kind of work.
12/13				**Kevin** doesn't mind what job he does as long as it is full-time and pays well. He is planning to go to Australia after the summer, so he needs money for this. He also wants enough money to do his driving licence before. He has no problem getting his hands dirty doing physical work.
14/15				**Alice** is a French student living in London. She'd like to work at weekends or during her summer holidays. Pay is important because London is expensive. Alice wants to work with other people. She would do all kinds of things – teaching, office work or hard, physical work. However, she doesn't drive and she doesn't feel confident with teenagers and young adults.

A) Farm help needed Who wants to spend a summer month on a Kent farm and earn good money? If you are not afraid of hard work – from feeding animals to working the fields – come and work for us! We offer good pay, food and farm accommodation. We are also known for our lively and friendly working atmosphere as we always have ten or more farm helpers from different places.
B) Summer Camp Summer camp for young people (aged 12 to 16) with difficult social backgrounds is looking for volunteers. Make a difference – work with young people, organise activities like boating or games and have fun with young people. This could be a unique experience for anybody who loves working with people and a great addition to your CV. The pay is basic, but we also offer free food and accommodation in the camp.
C) Help! My husband and I have just found out that we have to move to France in September. So we need help – help with packing all our stuff here and help with getting organised in France. So can you teach us a bit of French? Can you help us understand and write letters in French? And – are you organised enough to help us with the packing? If you could spare one or two days a week or a weekend instead, that'd be great. Some help with driving to France is also needed. Good pay is guaranteed.
D) We are looking for flexible, reliable people to deliver sandwiches to our late-night stores in the evenings and at some weekends. A valid driving licence is necessary. No heavy lifting is involved. Good pay.
E) Evening help needed. "The Alternative Restaurant" is a project run by teenagers and young adults who have been in trouble with the police. We are looking for someone with good people skills who can help to organise these young workers in the restaurant. No cooking skills needed. Three to four evenings a week. Fair pay.
F) Cleaning company looking for help during the summer in large office building. This is hard, physical work. You will often work on your own, so you must be a self-motivator. Good pay and lots of extra hours of work available for the right person.
G) A travel company which specialises in holidays to France is looking for an enthusiastic person to help us in our office. The successful applicant will have good French and English skills. We are a friendly team and offer good pay. This is a summer job only.

LÖSUNGSHILFEN

In dieser Zuordnungsaufgabe geht es darum, für fünf Menschen jeweils zwei passende Jobs auszuwählen. Um diese Aufgabe zügig und erfolgreich zu lösen, solltest du zunächst die Beschreibungen der einzelnen Personen (S. 42) durchlesen und Schlüsselwörter farbig markieren. Als Schlüsselwörter gelten hier Informationen, die für die Wahl eines Jobs wesentlich sind, z. B. gewünschte Arbeitszeiten, Interessen und Gehaltsvorstellungen. Bei Lauren, der ersten Person, könnten das folgende Informationen sein: „evening work“, „part-time“, „driving“, „good social skills“, „with people“. Nun suche entsprechende Informationen in den Jobangeboten. Wo findest du die meisten Übereinstimmungen? Denke daran, dass vielleicht auch nicht alle Fähigkeiten der Jobsuchenden zum Einsatz kommen müssen. Wichtig ist, dass du eventuelle Ausschlusskriterien überprüfst. Mithilfe dieser Schlüsselwort-Methode sollte es dir nun recht leicht fallen, zwei passende Beschäftigungen für Lauren und die anderen Jobsuchenden zu finden.

*Reading Part 3: Is Facebook Killing the School Reunion?

AUFGABEN

- Read the text and the statements on the opposite page.
- Put a tick in the box next to the correct statement.
- For each task only one statement is correct.

How many kids? How successful? What's my old flame doing now? Who's got fat? Who made a million? What happened to the strange boy with the pink hair?

These used to be everybody's thoughts before a long-awaited high school or college reunion. For many decades the routine has stayed the same: former classmates meet up after 10 or 20 years, catch up on their lives, settle old disagreements or renew them and exchange stories of the good old days.

Surely you have seen one of those movie scenes, where ex-high school princess, who has hit hard times, meets cool, successful guy with supermodel girlfriend at reunion and finds out that he was the boring loser she made fun of way back. Think of the scenes where people pretend to be cooler, richer, more successful than they really are ...

Now anybody will find lying difficult. Thanks to social networks, everyone already knows. So the option to find former classmates through Facebook, Twitter, LinkedIn and other networking sites might be the end of the organised school reunion. Facebook was created for college students to get in touch with each other. It has helped people stay connected online so well that it might be stopping people from going to real-world class reunions.

Tim Cosslett graduated from Seattle's Lincoln High School in 2011. He says he isn't planning to go to this year's reunion. "I already know what everyone is up to," he says. "If I wanted to know more, I could find out the usual way, like Facebook or Instagram updates."

Apparently, he's not the only one. With almost two thirds of the US population being Facebook users, people don't need to see each other to keep in touch. "Twenty years ago, you would've seen about 300 people at a 10-year reunion", says Michelle Carayos, president of New York's Stuyvesant High School alumni association. "Nowadays you get an attendance for 10-years that may be as low as 100 people, or even just 50, if it's a smaller high school."

This declining trend is also acknowledged by Simon Peake, chief executive of reYOUnite, one of the largest US reunion planning companies. People are staying in touch through networking sites, forcing Peake to change his marketing slogan to "Unplug and connect".

"For a lot of people, Facebook and the like appear to be enough, and they're often reluctant to leave their homes and screens. So we're sort of on a mission to show people what it means to really connect on a personal, face-to-face level," Peake says.

As reunion planners are keen to point out, Facebook connections tend to remain superficial and often amount to little more than online stalking. Real bonds, they say, can only be forged face to face.

AUFGABEN

16. In the past people went to high school reunions ...	**A**	to find out more about former schoolmates.	☐
	B	to talk about their old school days.	☐
	C	because they had to do this every 10 years.	☐
	D	both A + B.	☐

17. Movies about high school reunions ...	**A**	are not fashionable anymore.	☐
	B	often show people who lie about themselves or people who have changed completely.	☐
	C	are making these reunion balls more popular.	☐
	D	both B + C.	☐

18. Social networking sites ...	**A**	were often created to enable students to stay connect-ed.	☐
	B	make a reunion less exciting.	☐
	C	are helping people to lie about themselves.	☐
	D	both A + B.	☐

19. Tim Cosslett ...	**A**	is planning to organise a reunion 10 years after he left college.	☐
	B	isn't going to his reunion because it is too early and he'd like to wait at least ten years.	☐
	C	knows enough about his former classmates from the internet and isn't planning to meet them.	☐
	D	isn't happy about all the Facebook and Twitter updates.	☐

20. In the USA ...	**A**	over 50 % of the population are on Facebook.	☐
	B	many people don't want to stay in touch after they've left college.	☐
	C	approximately two in three people are Facebook users.	☐
	D	the number of people who go to high school is falling dramatically.	☐

21. Michelle Carayos ...	**A**	went to a 10-year reunion with 94 people.	☐
	B	thinks that 43 people is a very small number for a re-union.	☐
	C	was happy that her 10-year reunion had 250 people.	☐
	D	both A + B.	☐

22. Simon Peake ...	**A**	works for a company that organises reunions.	☐
	B	is planning to go to a high school reunion next year.	☐
	C	works for a company that is trying to make Facebook even more popular.	☐
	D	used to be a Facebook user but has deleted his profile now.	☐

23. The number of people attending reunions ...	**A**	has started to grow again slowly since last year.	☐
	B	is falling all over the USA.	☐
	C	is only going down in the big cities.	☐
	D	has risen with the help of social networking sites.	☐

24. Mr Peake believes ...	**A**	that Facebook has killed the reunion idea.	☐
	B	that Facebook and reunions don't exclude one another but "help" each other.	☐
	C	the people will learn that real world personal connec-tions are better than virtual ones.	☐
	D	both B + C.	☐

25. Reunion planners like Mr Peake say that ...	**A**	having online connections is never the same as meeting and talking to people in person.	☐
	B	filling in all these forms on a website is making most people angry.	☐
	C	the technology of some social websites isn't good enough.	☐
	D	both A + B.	☐

LÖSUNGSHILFEN

Um die erforderlichen Textdetails zügig zu erfassen und die anschließenden Multiple-Choice-Aufgaben erfolgreich zu lösen, kann dir die folgende Schrittfolge behilflich sein:

1. Lies die **Überschrift** genau durch. Worum könnte es in dem Text gehen? Was weißt du über Facebook? Welchen negativen Einfluss könnte es möglicherweise auf Klassentreffen haben?
2. Mit diesem **Vorwissen** mache dich mit den Lösungsvorgaben vertraut. Gibt es Antwortmöglichkeiten, die du bereits ausschließen kannst bzw. für unwahrscheinlich hältst? Markiere sie. Hebe im Satzanfang jeder Lösungsvorgabe das Hauptwort/Subjekt des Aussagesatzes farbig hervor. (z. B. „people", „movies").
3. Diese markierten Wörter findest du in den Textabschnitten leicht wieder und im Anschluss daran auch die Informationen, die du zur Lösung der Aufgabe brauchst.
4. Hilfreich ist auch das Hervorheben wichtiger Schlüsselwörter in den Vorgaben A–D. Es erleichtert dir die schnellere Orientierung bei der Texterschließung.
5. Sei besonders aufmerksam, wenn dir in der Aufgabenstellung mehrere richtige Antwortoptionen vorgeschlagen werden (z. B. „both A + B"). Lies hier alle Antwortmöglichkeiten noch einmal und gleiche sie mit der Textpassage ab, bevor du dich entscheidest. Falls wirklich zwei Antwortmöglichkeiten korrekt sind, bekommst du den Punkt nämlich nur, wenn du diese Option auswählst, selbst wenn du dich für eine der beiden richtigen Antworten entscheidest.

A4 Test 3

Teil I: Hörverstehen

Listening Part 1: Out Shopping

Track 9

AUFGABEN

You are going to hear two announcements.
There are two questions for each announcement.

- Look at the pictures and listen to the recording.
- Choose the correct picture and put a tick in the right box.
- You can listen to the recording twice.

Announcement 1: In a department store

1. What can you buy in the special sale?

A ☐

B ☐

C ☐

D ☐

2. Which sign can be seen on the 3rd floor?

A ☐

B ☐

C ☐

D ☐

Announcement Two: Lost in the shopping centre

3. Which of these boys is Jason?

A ☐	**B** ☐	**C** ☐	**D** ☐

4. What number should you call when you see/find him?

0213444565	0123345666	0213555464	2136664543
A ☐	**B** ☐	**C** ☐	**D** ☐

Listening Part 2: Radio Spots

Track 10

AUFGABEN

You are going to hear four radio spots.

- Read the statements below and listen to the recording.
- Tick the correct statement for each radio ad.
- You can listen to the recording twice.

5. (Spot 1)
This advert ...

A	asks people to go for regular skin check-ups.	☐
B	tells people how to protect their skin from the sun.	☐
C	gives you the weather forecast for the next few days.	☐

6. (Spot 2)
This advert is telling people ...

A	how to keep fit and stay young.	☐
B	that they should learn foreign languages.	☐
C	how important it is to learn English.	☐

7. (Spot 3)
This radio ad ...

A	is for pupils who get bad marks and are worried about their exams.	☐
B	warns young people about the dangers of Facebook.	☐
C	offers help to pupils who get bullied by their peers.	☐

8. (Ad 4)
This radio spot asks people ...

A	to give money to an animal shelter.	☐
B	to give their dogs a good run outside every day.	☐
C	to call if they have information about badly treated animals.	☐

Listening Part 3: A Travel Podcast / Welkommen to Berlin

Track 11

AUFGABEN

- You are going to hear a travel podcast about a place called Berlin.
- You can listen to the recording twice.
- Complete the table below using keywords.

where it is: **9.** ____________________	Amish lifestyle: **14.** ____________________
population: **10.** ____________________ ____________________	why the Amish came to the US (2): **15.** ____________________ **16.** ____________________
transport options in Berlin: **11.** ____________________	how to get there: **17.** ____________________
things to do/see for tourists (2): **12.** ____________________ **13.** ____________________	

*Listening Part 4: Taking Time Out

Track 12

AUFGABEN

You are going to hear part of a radio talk about taking a year out.
There are four people talking: a presenter, Katie, Sarah and Jacob.

- Read the statements below and listen to the recording.
- Put a tick in the box next to the correct statement.
- In each task only one statement is correct.
- You can listen to the recording twice.

18. This radio show is for young people who ...	**A**	have just started studying at university.	☐
	B	are in their last year at school.	☐
	C	want to work with children.	☐

19. All three teenagers on this show ...	**A**	spent time working abroad after school.	☐
	B	had a year without work after school.	☐
	C	had a year travelling around the world after school.	☐

20. Katie was an au pair ...	**A**	and worked for a very old fashioned family.	☐
	B	for a family with two small kids.	☐
	C	for an Australian family with a small child.	☐

21. During her time as an au pair, Katie felt ...	**A**	like a slave because of all the housework.	☐
	B	she was treated like a family member by her host parents.	☐
	C	often lonely and bored.	☐

22. Jacob thinks that spending time abroad after school ...	**A**	makes studying very hard when you come back.	☐
	B	makes you homesick and you miss your parents.	☐
	C	is a learning experience and helps you to grow up.	☐

23. During his time in Australia ...	**A**	Jacob needed a lot of money from his parents.	☐
	B	Jacob worked in different places.	☐
	C	Jacob had to go to hospital because of an accident.	☐

24. Sarah's gap year as a volunteer in Mozambique ...	**A**	cost almost nothing.	☐
	B	was altogether quite expensive.	☐
	C	was great because she earned £ 2,500.	☐

25. Jacob was surprised to hear ...	**A**	that Katie got her driver's licence.	☐
	B	that Katie got on so well with people and misses them.	☐
	C	that Katie's parents had to pay some money too.	☐

Teil II: Leseverstehen

Reading Part 1: Signs, Notices and Labels

AUFGABEN

- Read the text of each sign/notice.
- Read the four statements next to it and decide which statement matches the sign.
- Tick the right statement. Only one of them is correct.

1.

At Blackpool Pleasure Beach / The Big One:

This ride is not suitable for elderly people, people with medical heart conditions and pregnant women.
Children under the age of 8 should be accompanied by a responsible adult.

A	Adults and children over 8 are not allowed on this ride.	☐
B	This attraction is suitable for elderly people.	☐
C	Elderly people and small children get a special discount on this ride.	☐
D	People with health problems and women who are expecting a child shouldn't go on this ride.	☐

2.

At Tomco Express Supermarket:

This Fast Checkout facility is for customers wishing to buy 6 items or fewer and will accept cash payment only.

A	You need a credit card at this check-out.	☐
B	You can use this checkout if you only buy three or four things.	☐
C	You can only pay in cash if your total bill is under £ 6.	☐
D	This is a self-service checkout.	☐

3.

AT THE INDOOR POOL:
We'd like to inform our customers that this indoor pool will stay closed for its regular annual maintenance and repair work from July 1 to July 31. We are looking forward to welcoming you back on August 1.

A	The pool is offering jobs to repair workers in July.	☐
B	They had an accident at the pool and need to repair it.	☐
C	The pool closes on August 1.	☐
D	The pool is not open in July.	☐

4.

At a DVD Rental:
Save more than $3 on our family deal: Take out any two DVDs from the adventure and family section* for two nights, pay just $4.99 and get a free box of popcorn.

* offer excludes TV series, other multiple DVD box sets and games

A	This offer gives you 2 DVDs and free pop corn for one night.	☐
B	You can't get box sets with more than one DVD as part of this offer.	☐
C	In this offer you pay $4.99 for each DVD.	☐
D	With this deal each DVD costs only $3 a night.	☐

5.

Our library is a place of study and research. So please keep all noise to a minimum in the reading rooms. For users engaging in group work or needing to discuss their research we provide a special study area on the second floor.
Thank you.

A	Today there are many people studying in the library.	☐
B	Only the reading room on the 2nd floor is open today.	☐
C	You can talk to others or discuss your work on the 2nd floor.	☐
D	You're not allowed to talk anywhere in this library.	☐

Reading Part 2: Keeping Fit

AUFGABEN

All the people below would like to do some kind of sports activity to stay fit.

- First read the information about them, then look at the different sports on the next page.
- Find two options/activities for each of the people below.
- Some activities can be chosen more than once.
- Write the letters of the activities in the boxes next to the right person.

No.	Activity 1	Activity 2		The persons
6/7				a) **Brenda** would like to do something for her general fitness but she isn't interested in weights or special muscle training. She doesn't want a regular course and prefers to train any time during the week. It's important for her to keep the weekends free. There could be months when she doesn't have much time, so she doesn't want to pay for membership every month.
8/9				b) **Angie** is a young student who would like regular physical exercise but doesn't have enough money to get a fitness club membership. She hates water sports. Last year she tried some Oriental things like yoga and tai chi but found them too slow and boring. Ideally she'd like to meet some new people while training once or twice a week. Angie can't pay more than £ 10 a month.
10/11				c) **Nick** thinks his body could look much better. He works in a bank all day so he would like a regular workout. He tried jogging but hated it. Nick would like better muscle definition or "a six-pack". He isn't really a team player and would prefer to train alone late in the evening or before he starts work. He is prepared to pay up to £ 50 a month.
12/13				d) **Jill** is in her early sixties. She would like to stay fit with some physical exercise – but nothing too stressful like jogging or weightlifting. The best thing would be a combination of exercise and wellness. She prefers indoor activities. Maybe some regular activity would also allow her to meet new people.
14/15				e) **Colin** used to be the goalkeeper in his college football team. Now he's got a full-time job and misses the exercise. For him a team sport would be ideal, but he doesn't mind other sports as long as he doesn't train alone or on machines. Colin has long and irregular working hours, so he only has time at weekends.

The activities	
A	New 24-hour indoor pool, Olympic size. Pay as you go, no membership required. Brand new sauna and steam bath facilities. Regular aqua fitness and baby swimming courses offered.
B	Jazz dance course, Monday nights, £19.99, students pay half. Light exercise – a healthy and entertaining way to stay fit. Join us in the Odeon dance hall. Facilities include large dance floor, excellent music/loudspeaker system and air conditioning.
C	24-hour gym with sauna and modern equipment. Membership £ 39.99 a month. Meet new people and stay fit!
D	Jogging club looking for new members. All levels welcome. No commitment. Just come when you want. Meet in local park every Sunday at 2 p.m.
E	Five-a-side football – new players needed. Sorry – men only. All ages welcome. Meet at University College Sports Hall on Sundays at 11 a.m.
F	Learn tai chi with Ken Long from Shanghai. This old and gentle form of physical activity is suitable for all ages and all fitness levels. Meet in Victoria Park on Mondays (4 to 6 p.m.). One session costs £ 2. If you can't come, no problem. You don't pay.
G	Rowing club needs money and invites non-members to use our training facilities. We have a wide range of high-tech machines – perfect for building up muscle strength, stamina and the perfect body. All the equipment is available from 8.30 p.m. to 11.30 p.m. from Monday to Friday. Facilities include showers and sauna. Cost is £ 25 per month.

*Reading Part 3: Mirror, Mirror on the Wall ...

AUFGABEN

- Read the text and the statements on the opposite page.
- Put a tick in the box next to the correct statement.
- For each task only one statement is correct.

Beauty contests or – as they are called – "beauty pageants" have a long tradition in the USA. Since the 1850s a variety of beauty contests for young women have been held regularly in small towns and big cities all over the USA. There are various titles to compete for, for example the famous "Miss America", who was first chosen in 1921.

The procedure is always similar – beautiful young women pose on stage in different outfits. They show off their perfect bodies in swimsuits or ball gowns, they show off their talents and do an interview in which they answer the jury's questions about popular culture, their future or family values. At the end the jury decides and one of the girls can walk away with the crown as a beauty queen for one year. Often other prizes such as modeling or advertising contracts or even scholarships come along with the crown. Beauty queens are like American idols or role models: most American girls grow up with the dream of taking part in such a pageant and wearing a crown one day. But even for a beauty queen, life isn't always without trouble, as was shown by 17-year-old Domonique Ramirez, Miss San Antonio 2011. After just a few weeks as a reigning queen, Miss Ramirez lost her crown and with it her title. The official organizers of the beauty contest decided to give both to Ashley Dixon, the girl who had come second in the original Miss San Antonio contest. So what did Domonique Ramirez do wrong? There were no nude photos, no sex tapes and no alcohol or drug stories. The pageant directors claimed that Ramirez had turned up late for some events, wasn't a good representative of the city and allegedly they told her that she had put on too much weight. Linda Woods, a spokeswoman for the county's pageant board says, "As a Miss San Antonio reigning queen, she has to live up to our rules and regulations". In an interview with a local radio station, Ms. Woods told the interviewer, "I said, you know, 'Get off the tacos, get off the chips and the soda.' Because she's 17, and that's what these kids eat".

Apparently, Miss Ramirez was doing a photo shoot in which she was asked to wear a dress from the original beauty competition and it didn't fit her anymore. Miss Ramirez also claimed that after a bikini photo shoot she was told to lose at least 13 pounds. Ramirez is 5'8, (172 cm) and weighs 129 pounds (58 kg) – which is by no means overweight.

But Domonique Ramirez didn't give up. She wanted to fight for her crown, so she took a lawyer and went to court. "This is about principle, this is about what's right", Ramirez said. Although San Antonio pageant officials say that their decision had nothing to do with Miss Ramirez' weight, judges didn't quite believe that. In March 2011 she won her court case and was given her crown and title back. So in 2011 for the first time ever, San Antonio, Texas, has two reigning beauty queens: Domonique Ramirez and Ashley Dixon.

This story might show one of the less beautiful sides of beauty contests and it certainly highlights the debate on healthy body image. However, one little story that recently went through the media is even more worrying: In the popular US reality show "Toddlers and Tiaras", a televised child beauty contest, a mother dressed up her four-year-old daughter as Dolly Parton – the country singer who is not only famous for her music but also for her sizeable breasts. Of course, the little girl was wearing make-up – quite normal in shows like this –, but her mother went one step further and put extra padding into some parts of the girl's dress. This way her little 4-year-old girl looked just like Dolly Parton – with large boobs and a big bottom. It's good to know that the show attracted a lot of worldwide criticism after its screening.

AUFGABEN

16. The first American beauty contests ...	**A**	were held in the second half of the 19th century.	☐
	B	were organised in 1921.	☐
	C	were called "Miss America Pageants".	☐
	D	were only held in big cities.	☐

17. At most modern beauty pageants, ...	**A**	the girls are not allowed to speak.	☐
	B	a jury decides who wins the contest.	☐
	C	the girls don't need to pose in swimsuits.	☐
	D	both A + C.	☐

18. Beauty queens ...	**A**	often win other prizes along with the crown.	☐
	B	are often idolised by little American girls.	☐
	C	can usually keep their crown for one year.	☐
	D	all of the above (A + B + C)	☐

19. Ashley Dixon ...	**A**	won the original Miss San Antonio Beauty Pageant 2011.	☐
	B	lost her crown after a few weeks but got it back.	☐
	C	came second in the original competition.	☐
	D	works as a director on the San Antonio Pageant Board.	☐

20. Miss Ramirez thinks she lost her title ...	**A**	because she had alcohol problems.	☐
	B	because of some old photos of her being naked.	☐
	C	because she wasn't thin enough.	☐
	D	both A + B.	☐

21. In one photo session ...	**A**	Domonique Ramirez didn't want to be naked.	☐
	B	a dress from the competition was too small for Miss Ramirez.	☐
	C	she was told to lose some weight.	☐
	D	both B + C.	☐

22. Miss Ramirez won her crown back because ...	**A**	she lost 13 pounds.	☐
	B	she competed in a new contest and won it.	☐
	C	she talked to the directors and they agreed on new regulations together.	☐
	D	she hired a lawyer and went to court.	☐

23. 2011 was the first time ever ...	**A**	that San Antonio, Texas, had a beauty pageant.	☐
	B	that there were two reigning beauty queens in San Antonio.	☐
	C	that a Latina became "Miss San Antonio".	☐
	D	that a beauty queen went on to study law.	☐

24. In the child beauty contest "Toddlers and Tiaras", ...	**A**	a mother used make up on her little daughter.	☐
	B	a mother dressed up her daughter (aged 4) as Dolly Parton, using fake breasts and bottom padding.	☐
	C	Dolly Parton criticised the mother of a 4-year-old.	☐
	D	both A + B.	☐

25. The author finds it worrying that ...	**A**	there are so many reality shows on US television.	☐
	B	that many people criticised the reality show with a "Mini Dolly Parton".	☐
	C	a mother sees nothing wrong with dressing up her 4-year-old daughter like that.	☐
	D	both B + C.	☐

westermann

FiNALE Prüfungstraining

Berlin und Brandenburg

Mittlerer Schulabschluss / Erweiterte Berufsbildungsreife 2023

Englisch

Lösungen

Elke Dreyer
Katrin Frost

Lösungsheft zu 978-3-7426-2387-4

TRANSKRIPTE

A 2 Angeleiteter Test 1

Seite 14
Track 1: Travelling by Train – Travel Announcements

Announcement 1: At the station
This is an announcement for passengers travelling on the 15.25 service to Manchester Airport. Due to a signal fault this train service will be delayed by approximately 20 minutes and is expected to leave at 15.45 from platform 8. We apologise for any inconvenience.

Seite 15
Announcement 2: On the train
Welcome on board this Virgin train service to Manchester Piccadilly. This is James, your on-board chef speaking. We'd like to inform passengers that the restaurant is now open. We offer a wide selection of light snacks, sandwiches, soft drinks, tea and coffee. Our special "meal of the day" is delicious roast chicken breast with rosemary potatoes and salad with a soft drink of your choice for only £ 4.99. You'll find our restaurant car at the front of the train. Thank you for your attention. Enjoy your journey.

Seite 16
Track 2: Radio Ads
Radio Ad 1
Never been to one of the world's greatest rock festivals? Missed out again? No more tickets? Not enough money? – You can be there anyway! Glastonbury Festival is looking for hundreds of volunteers every year. Work as a gate steward, a campsite warden or in the cleaning team. If you have valid medical, paramedic or first aid qualifications you can also join Dr Howard's team of medical volunteers. For more information go to glastovolunteer.co.uk now. See you there.

Radio Ad 2
Not again! Construction work! I'm gonna be late! Always the same – cars – cars – cars. And then I have to spend millions of dollars on gas!

You don't need to face this everyday! Go to rideshare.gov.com and find your carpool buddies today! Save up to 50% of your commuting costs, travel with nice people every day and reduce the traffic on our roads. Join your local rideshare program today!

Radio Ad 3
They've been around for thousands of years. For example knights wore them in King Arthur's times so that their heads didn't get hurt with all the fighting. And today helmets are still used for all kinds of cool stuff. Hockey players, motorcyclists, horseriders, cricket batsmen, skateboarders, breakdancers – they all wear one. So what makes your head so different when you get on your bicycle? Only going for a short ride? Well, even on a short ride you can have a bad fall. So stay safe and protect your head.

Radio Ad 4
1) Oh ... I must have been snoozing for over an hour ...
2) Come on, you've been sitting here and staring into space for the best part of an hour!
3) Uh ... I've been watching this film for over an hour and I still don't know what's going on ...
4) I really wish, I'd taken the train and not the car. I would have been home at least an hour ago ...
How often do you waste an hour? So why don't you give us an hour of your time instead? Call 0800979797 or go to childreninneed.com, sign up and get a green collecting tin for one hour. The money you collect in this one hour will help children all over the world to better healthcare, a better education and a safer, happier life. So don't waste your time, just sign.

Seite 17
Track 3: The Summer Holidays
Student: Stuck at home over the summer holidays while your friends have gone away? Don't panic – you can still have a fun time yourself. Here are some of my friends with their ideas of what to do in the summer holidays.
David: I'm David. Why not start your first garden? You might think gardening is just for old people, but actually it's perfect for teens. It lowers your stress level and gives you something to be proud of when everything else in your life is going crazy. And you'll enjoy the nice weather at the moment. Talk to your parents about choosing a small bit of the garden for your use.
Tina: Hi, I'm Tina. It's definitely a bit girly, but I like having a health and beauty day. Get out the candle, put on some relaxing music and start off with a luxurious bath. You'll feel totally relaxed afterwards. Oh yeah, don't forget to tell your younger brother to go out on that day.
Michael: My name is Michael. What about waking up late and having a brunch with one or two close friends? Brunch, you know, that mixture between breakfast and lunch. Don't spend all your cash in in a restaurant. It's cheaper at home. Do it yourself. Try out these recipes: pancake banana splits and cheesy French toast with ham. You will have a great time with your friends.
Becky: My name is Becky. I do yoga and I really love it. I can hear you say: "Oh no, not yoga", but you will change your mind once you get in the mood. It's good for your body and great for reducing stress. All you need are some comfortable clothes and a quiet place. With a "Yoga for Beginners" DVD, you'll feel like a new person.
Tom: My name is Tom and last year I did some volunteer work outside. There are loads of reasons for doing some. You'll meet new people, get into great shape and get a great suntan. It might even give you an idea of what you want to do later on in life.
Karen: My name's Karen. Why not give your bedroom a now look? It's a big project, but once you get started, it's enjoyable. Take a look around your bedroom and make some changes that will make you happy. You can start by painting the walls in a different colour or by moving some furniture.
Student: As you can see, there is no reason to be depressed just because you are not going on holiday. There's loads to do, and most of it doesn't cost a lot.

Seite 18
Track 4
Listening Part 4: World Animal Day / Going Veggie?
Presenter: Good morning, everybody here on Radio 4. Today is October the 4th – and this happens to be World Animal Day. So on today's show we'd like to have a fresh talk on the old topic: "Eating animals – yes or no?" And with me are Amber, Dylan and Connor – three students from the local community college. Let's go straight into our discussion. Are any of you vegetarians or vegans?
Amber: Yes – I'm a vegetarian.
Presenter: And what about you two?
Connor: No, no ... I'm not.
Dylan: And me neither, really ...
Presenter: Amber, you're the only one here who doesn't eat meat. So tell us, when did you stop?
Amber: Well, I think I was about seven. My uncle has this farm in Suffolk and I stayed there on holiday. Being with all those animals, playing with them, seeing them as friends almost ... and then eating them. I couldn't. So I just stopped eating meat.
Presenter: What about your parents? Were they worried or upset? Did they say anything about you going vegetarian?
Amber: That wasn't much of a problem or a change. My mum had always been into healthy eating, so we didn't eat meat very often anyway.
Connor: So your parents just let you be a vegetarian?
Amber: Yes, they did. My mum even gave up eating meat with me.
Connor: That's crazy. Meat is good for you! And at seven you are still growing. Your body needs all the vitamins and protein from the meat.
Dylan: Well, actually there are other foods that provide all this ...
Connor: But let's face it. Human beings are meat eaters, aren't they? I love my steak and my burger ... wouldn't want to be without them. Hhmm ... just the taste ... and the texture ... It's so much better than eating potatoes or salad ...
Amber: Oh! That's so close-minded, Connor! There is much more to a vegetarian diet than potatoes and salad ... Anyway, have you ever seen how these animals are kept in huge factory farms? And how they get killed? It's worse than any horror movie! That can't be right!
Connor: But that's the way it works. Animals kill and eat each other in the wild, too. So it's quite natural.
Dylan: Actually, it isn't, Connor. I have to agree with Amber here. I recently watched a documentary about turkey farms. It was awful. The turkeys can't reproduce; they can't even move around! All they're supposed to do is grow fat fast, to be killed as soon as possible. There's nothing natural about that!
Connor: You are talking like a vegetarian now, Dylan. Didn't you say you eat meat?
Dylan: I do. But I try to avoid factory-farmed or mass-produced meat. Nowadays you do have the choice in most supermarkets and, of course, if you go to your local butcher's, you can get meat that was produced organically, on smaller family farms. That's what we do at home.
Connor: But the animals still die ... and meat like this is a lot more expensive.
Dylan: Not that much more. And eating less meat is healthier anyway. Most studies say that you shouldn't eat meat more often than once or twice a week.
Amber: That's true. But it's even healthier to give it up completely. You reduce your risk of obesity and heart problems massively. And don't forget about the environmental impact of eating meat. A plant-based diet would cut greenhouse gases by over 50 per cent! So eating less or no meat means not only saving animals but also the planet!
Dylan: Well, Amber, that's a very good point, but I don't think it's that simple. Some people might find giving up meat too difficult. I think there's a middle way. We just have to show more interest in how our meat and dairy are produced and then make an informed decision when we buy these products.
Connor (cuts in): I'm not sure my mum has got the time to do a whole research project before she buys our steaks!
Amber: Connor! Come on! Be serious! It's not that difficult. You just read the label or ask. And anyway, there are lots of new and tasty vegetarian options out there. Even for your burgers. Don't be such a dinosaur and give it a try!
Presenter: I can see there's a lot to talk about here. But now it's time for a short break. We'll be back in a minute and ...

A 3 Angeleiteter Test 2

Seite 28
Track 5: Answerphone Messages

Answerphone Message 1
(When Daniel comes home from school he finds a message from his mother on the answerphone:)
Hi. This is mum. It's 2.30 now and I've just heard the weather forecast. There is a storm warning for this afternoon, so I'm a little worried. Danny, please go round the house and make sure that all the windows and doors are shut properly. And if you have to go out, don't even think of using the bike! Best if you stay in, anyway. Dad is working late tonight. He won't be in before 9. But I'll be home around five. See you then. Love you!

Seite 29
Answerphone Message 2
(Stacy finds a message from her local department store on her answerphone:)
Hello, this is a message from Jane at customer service, in the John Lewis department store. We'd just like to inform you that the red toaster you've ordered has arrived and can be collected. You also have an order for a matching red coffee machine. Unfortunately, that hasn't been delivered yet, but I'm sure it will be here in a couple of days. So if you want to collect the toaster now, come to the service desk on the ground floor anytime between 9.30 a.m. and 9 p.m. Thank you. Goodbye.

Seite 30
Track 6: Radio Spots
Radio Spot 1
Woman: Have you seen this girl, please take a look.
Man: No, sorry.
Woman: Sir, have you seen this girl ... She's got short blonde hair ... is not very tall ...
Man: I'm sorry, no.
Woman: Please, look at this picture. Have you seen her? She lives somewhere around here ...
Woman: Every year 800,000 children go missing in the US. They could be right in front of you. Maybe you can help find them. If you think a child looks lost or matches a description from a missing child poster then, please – take a closer look! Don't wait. Make a 911 call or contact your local police station immediately.

Radio Spot 2
Girl 1: Look at her lips. They're the perfect shape. If I had lips like those, I'd wear lipstick every day. I wish my hair was like hers as well. I spend hours every morning and I still look a mess. And then she's got this awesome outfit ... (sigh) ... but not for me. You'd need really good legs to wear this.
Boy 1: Wow, look at that house. Ben's really made it. I hope one day I'll own a big place with a pool like that. No wonder everyone seems to be having the time of their life at this party. I wish I'd been invited.
Girl 2: They must be such great friends. The way they're smiling into the camera. They even look like sisters. I'd like to have a close friend like that. And to be lying on this lovely beach in – where? – Hawaii ... I wish my life was that perfect!
Voiceover: Feeling inadequate? Comparing yourself again? Don't be fooled by social media. Not everything is always as it seems. Stop looking at the perfectly filtered and have fun with your own life!

Radio Spot 3
I really must visit James tomorrow. I haven't seen him for a week. He's so sweet and I think I almost miss him. Adoption somehow made me feel more responsible for him. It feels strange when I see my name on the notice board next to his pool area. I think James even recognises me ... Maybe I'm just imagining that, but he always waddles towards me when I'm there. Sometimes they let me feed him and his friends, too. And it's good to know that I'm helping a bit.
Voiceover: James is an emperor penguin at Southport Zoo. You can help keep your local zoo alive by adopting an animal from as little as £ 35 a year. Get more information under animalparent.com.

Radio Spot 4
Come to our third Arts and Music Festival at the Market Square Community Hall, August 24th and 25th starting at 10 a.m. till midnight. Two days of live performances by top local musicians, bands and theatre groups. With our specially organised fantastic arts exhibition it is also a unique visual experience! See you there – don't miss it!

Seite 31
Track 7: A Great Barrier Reef Day Cruise
Good morning and welcome on board. My name is Cameron and it's great that you've decided to come on a day cruise around one of the greatest natural wonders of the world – the Great Barrier Reef.
It's 7.30 a.m., right on time and we are going to set off now. Last chance to hop off ... get something from the car ...? No? Well, we're gonna be back here at the Marlin Jetty in Cairns at around 7 p.m. anyway, so don't worry. Ah. OK, We're moving. Actually, we're gonna go at dolphin speed, so keep your eyes open, there will be some schools of fish and dolphins following us. At this speed it'll take around two and a half hours till we get to Hastings Reef for your first diving experience, so there's time for me to give you some general information about the Great Barrier Reef and Tom, our diving instructor, will introduce you to all necessary scuba diving procedures and safety instructions.
Now – you are about to experience one of the seven wonders of the world, the largest coral reef system in the world – in fact, the largest living structure on earth that can actually be seen from space. Yes, a living structure because coral is actually not a sea plant but an animal. When different corals grow and join together, a reef forms. Since the beginnings of this reef many thousands of years ago, sea levels have varied greatly. Coral can't survive out of water, so, if the sea level sinks and exposes a living coral reef, then that reef will die very quickly. If the sea level then rises again, new coral reefs will form on top of the old ones, and so the whole system starts over again. This cycle happens over thousands and thousands of years and you can see the results now. With a length of over 2,000 kilometres, around 3,000 separate reefs and over 900 islands, this is by far the world's largest ecosystem of its kind. You'll find an unbelievable variety of species here: over 1,500 different species of fish, 350 different types of coral, many different kinds of whales and dolphins, sea turtles and so much more.
When we get to Hastings Reef you'll see all this rich and colourful sea life under water. If you don't want to try scuba diving, you could take a trip in our glass-bottom boat instead and see this underwater animal kingdom safely from above. I expect we'll see the world's largest fish – the whale shark. It's quite common around here. And don't worry, it's sort of vegetarian and only eats plankton – not scuba divers.
The Great Barrier Reef is not only home to all this amazing sea life, it also provides many people in the area with work and an income through fishing and tourism. Every year over 1.5 million tourists visit the reef. That's what's giving me a job too – as you can see. But it can also damage and destroy the reef if we're not careful. Remember, the reefs are very delicate. So when you're down there, do not touch the coral and don't stir up the sea bottom. That can damage or destroy the coral. If you later decide to buy coral or other reef souvenirs, check with the store that they've been collected responsibly so you know that the reef wasn't harmed in any way.
Right. My time is up. I'll hand you over to Tom, who'll tell you everything you need to know to stay safe under water.

Seite 32
Track 8: Teenage Ganglands
Presenter: Recently not only London has seen a growing number of teenage stabbings and violent knife attacks. Reports say there are over 150 active youth gangs in different London neighbourhoods. So today I'd like to discuss the issue with our studio guests. There is Matt, a journalist, who's written a book about teenage gang culture. There's Edna, mother of a thirteen-year-old son from Hackney, and Pauline, who used to be in one of the most notorious East End girl gangs. Welcome.
All: Hi/hello.
Presenter: Let's start with you, Pauline. How old were you when all this started?
Pauline: I was 13. My dad had left some months before – and I just didn't get on with Mum's new boyfriend. He shouted all the time. So I started hanging out with the girls all day, only went home to sleep. I suppose that's how I joined the gang.
Matt: That's typical. Usually it starts around the age of 12. Kids spend more time with friends and the parents have no clue.
Presenter: Edna, that is one of the reasons you've joined us today – you are getting worried about your 13-year-old son, Jamie, aren't you? Tell us a bit more.
Edna: Well, I am worried about him. When I read the paper and see all this stuff about teenage fights, boys killing one another or getting stabbed, I wonder if Jamie could be one of them. He is out quite often and never talks about the things he's up to.
Presenter: Matt, are there any signs parents could look out for? How can Edna know if Jamie is in a gang or not?
Matt: Well, it's not that simple. Teenagers not spending very much time at home is quite normal. Many teenagers are out and about a lot, so that wouldn't worry me too much. At that age kids also start doing their own thing a bit and don't want to tell their parents about everything.
Edna: But there are other things ...?
Matt: Yeah, if you notice that he's suddenly wearing different clothes, for example, always the same colour schemes or clothes with certain symbols on, that's one thing ... Then, when a teenager suddenly changes all his friends – that's a warning sign ... and, of course, money.
Presenter: Pauline, was it like that with you?
Pauline: Well, a bit. At first it didn't really feel like a gang. We were friends, we were there for one other. For me it felt more like a family than back home. But we always needed a kick. So we started going into shops, stealing little things like lipsticks or CDs. We enjoyed the adrenaline kick and having the little extras.
Presenter: But it got worse?
Pauline: Yes, it got violent. There were fights. Although, I personally never used a knife or anything like that, but I had stones or bricks. We would smash windows, cars, steal money. It made us feel powerful. We could let out all this anger and aggression. ... By the way, Edna, do you and Jamie fight a lot? Does he have new things like mobile phones or stuff you can't explain?
Edna (thinking): No ... not really. We don't fight. And I can't remember seeing any new gadgets around. He's just gone really quiet.
Matt: Then I wouldn't really worry too much. Just keep an eye on him.
Pauline: Yeah, don't worry and don't be a control freak. Teenagers need a bit of space and freedom.
Matt: You're right, Pauline. But you haven't told us yet – how did you get out?
Pauline: I went to prison.
Edna: You went to prison?
Pauline: Yeah. I spent eight months in prison for serious robberies. There I did my GCSEs and learned a lot. That ... the people I met in prison made me think and understand. I wanted different things from life.
Presenter: So what do you do now?
Pauline: I'm training to be a classroom assistant for junior schools. And sometimes I also do projects in the local community centre, where I talk to teenagers about my experience.
Presenter: That's fantastic news. And we are at the end of our show today. Thanks to all our guests for sharing their experiences and thanks to you for listening.

A 4 Test 3

Seite 42
Track 9: Out Shopping
Announcement 1: In a department store
This is an announcement for all our customers. We'd like to inform you of our special promotion sale on the third floor. Find everything for the upcoming summer holidays – swimming costumes, sunglasses, beach towels and much more for the perfect holiday. You can enjoy a fantastic 20 % discount on all these holiday products. Don't miss out on many great offers.

Seite 43
Announcement 2: Lost in the shopping centre
This is an appeal for your help. We are looking for a missing little boy. His name is Jason. He is four years old and his mum lost him in the Fab Shoes Store on the ground floor. Jason is wearing blue trousers, a white T-shirt with the picture of a penguin and a white baseball cap. He is also carrying his favourite toy – a big fluffy rabbit. If you see Jason, please contact the information desk on the ground floor under 0213 444565 or take him there. His mum is waiting.

Track 10: Radio Spots
Spot 1
And we have another great day of sunshine ahead – isn't this just another glorious Australian summer? But before you head to the beaches – don't forget: every year 400,000 Australians get diagnosed with skin cancer. So there's nothing healthy about a suntan! Your skin won't forget, so you shouldn't forget your skin! Protect yourself and your children! Slop on the sunscreen and cover up whenever you go outside.

Spot 2
Over three quarters of the world's population can't speak English. There are over 6,000 different languages spoken in this world. Speaking the language is the key to understanding other people and other cultures.
Today basic foreign language skills are needed in many different jobs because many companies have global connections and offices in other countries.
Travelling is easier and much more fun when you speak the language.
Learning a language keeps your brain fit and stops it from aging too quickly. The world speaks in so many languages! So don't limit yourself to just one of them!

Spot 3
You're hoping they won't see you ... won't pick on you again ... There they are ... it's them ... Sharon and Tracy. They started it all. The looks, the talk behind your back ... and then all the stuff they wrote about you on Facebook and the horrible pictures they posted. It's all lies but nobody believes you. You're lonely and afraid of what else they might do or say about you. You feel bad and don't want to go to school anymore. Every morning you feel ill. Your head, your stomach ... everything is aching and you can't even concentrate on your school work ...
Put an end to the bullying now! Don't keep it all in. Go and get help. Tell somebody about it. Ring 0800 2575 and talk to our trained and experienced staff. They will listen to you and give you advice. So together you'll find a way to end this nightmare. Ring now!

Spot 4
I get locked in a dark box for hours. They know I don't like it but what can I do?
My owner beats me every day.
My owners left me alone and hungry in a car park at night. They didn't want to take me on holiday.
I never get out. They kick me around with their feet. I have to use the balcony for my morning toilet. I know, it's a dog's life, but ...
If you see or know of an animal getting beaten, tortured or treated badly, call Animal Rescue under 080078785.

Seite 44
Track 11: A Travel Podcast / Welkommen to Berlin
This is another episode from our travel podcast series – places with a difference.
And today we'll give you a rest from urban stress and noise – a day in beautiful countryside, a peaceful and quiet rest. We'll show you a place that is home to around 180 people and has probably looked the same for over a hundred years. This place is Berlin ... Berlin, Ohio, that is.
Berlin is an old village in the heart of an area called the Amish Country in Ohio, a state in the Midwest of the US. It was founded by a man from – of course – Berlin, Germany in 1812.
Berlin is a wonderful place to visit. It is home to one of the largest Amish communities in the country. A lot of tourists come to Berlin every year. It offers outstanding scenic beauty and an interesting insight into the Amish lifestyle, which is generally very simple and traditional. So compared to modern cities, life in Berlin, Ohio, is rather slow. As you'll see, it's like the past coming to life: horses on the streets, farmers in the fields, children playing in the yards. The Amish always wear plain, simple clothes, men have beards and – be assured – if you happen to see people using mobile phones or computers they can only be tourists.
Forget about your car. Transport is no problem – you get around on foot, horseback or in a horse-drawn buggy. This way you can visit local farms and enjoy the fresh local produce. There are also many local arts and crafts stores. The Amish are famous for their traditional workmanship. So you will find really solid furniture, hand-made from different woods, hand-made clothing and, of course, don't forget to visit the local butcher's or a bakery. You shouldn't leave Berlin without tasting their special apple pie.
Many visitors don't know that most Amish don't really learn English before they start going to school. Yes – English is their second language. Their native language is Pennsylvania Dutch, which sounds like a mix of old German or Swiss dialects.
So why did the Amish come here to the US? Well, they came in the early 19th century and settled in various areas of Pennsylvania, Indiana and Ohio. They left Europe because they were searching for freedom – mainly religious freedom and freedom from military service. They have always been very peaceful and didn't want to become soldiers in Europe. Of course, they were also looking for good farmland. And all this they found here.
If you're interested to learn more about the Amish lifestyle or Amish history, you should go to "BEHALT", the Mennonite information center. Behalt comes from the German word "behalten", which means to keep or to remember. There you can look at old pictures or documents and find out more by talking to the local guides.
Listening to this podcast, you might think Berlin is very difficult to get to. Well – it's not. It's only about 300 miles – in other words, a day's drive – from Chicago and there's a regular Greyhound bus service which stops in Berlin, Ohio. So take time out – in Berlin, Ohio.

Seite 45
Track 12: Taking Time Out
Presenter: Hi everybody and welcome to Radiotalk on a beautiful Monday morning. It's June, school is about to break up and some of you might be coming towards the end of your last year at school – great feeling, isn't it? What's next? A job? University? Or maybe something different? On today's show we'll be talking to some people who took a year out after school – a so-called gap year. So, here with me are Jacob, Sarah and Katie – all waiting to start university in the autumn. And they're going to talk to us about their experiences last year. Hi – nice to have you here.
All: Hi/Hello.
Presenter: So, can you just quickly tell our listeners how you spent last year?
Katie: I had a year in Portland, Oregon. I was working as a good old fashioned au pair in a family with two small kids.
Jacob: I did a travel and work year in Australia.
Presenter: And you, Sarah?

Seite 58
Track 16
Listening Part 4: Gender-Neutral Parenting

Host: Good evening, I am Zoe Ashurova and I'd like to welcome you to our weekly edition of Family Talk. Adele is doing it, Will Smith is doing it and so is an increasing number of parents: gender-neutral parenting. But what exactly is it? Gender-neutral parenting means raising your children without pushing them into traditional gender roles, so exposing girls and boys to all kinds of toys, stories, clothing, hobbies and so on, not just those that are still widely considered as typical boy or girl things. To discuss this controversial topic, I have a special guest here with me in the studio. I'd like to welcome Justin Solomon, writer of the blog "Gender Matters".

Justin: Good evening, everybody. Thanks for inviting me.

Host: Well, before we open the telephone lines to our listeners, Justin, tell us: What motivated you to write your blog?

Justin: Well, my wife and I are parents of twins: a boy and a girl. When they were born four years ago, we were given lots of presents by family and friends and to our astonishment those presents were almost all either pink, for our girl, or blue, for our boy. So we thought, hang on a minute, we don't want that. We don't want to raise our children pushing them into these traditional gender roles from day one.

Host: Ok, but why not? What's wrong with that?

Justin: Well, the thing is that there are still more men in positions of power. Men are still earning more money than women, so there's still a lot of gender inequality in our society and we think this is rooted in how we bring up our children. So what we do in our blog is, we show what everyone can do to bring up their children in a gender-neutral way so that hopefully, there will be less gender inequality in the future.

Host: Ah, and I see we have our first caller on the line ... Hello!

Sarya: Hi, I'm Sarya and I think gender-neutral parenting is a great idea but I can tell you from my own experience it is not easy to actually put that idea into practice. I have a seven-year-old daughter and even though we are doing all these things that are suggested by Justin – you know, neutral toys, clothes and so on – it's society that still treats girls differently from boys. You know ... people telling her that she is pretty all the time, praising her for being caring and kind in school. You know, boys are addressed differently, they are told that they look cool and are praised for being courageous and tough. So, it's not just material things that are attributed to either boys or girls, but it's also the language that is used when people speak to them.

Host: Thank you, Sarya. Justin, is that something you address in your blog as well?

Justin: Oh yes, thank you, Sarya, for that comment! Indeed, the language we use is a huge issue and we have written about gender-neutral language and the impact of the way we speak with our children. You know, it's the good old self-fulfilling prophecy: If you keep telling a person that this is how you view them, then this is what they will become. But that can be an opportunity, too. I mean, instead of telling your daughter that she's sweet and cute and lovely, tell her that she's smart and tough and funny.

Host: Ah, and I see we have another caller on the line ... Hello!

Jon: Hello, Jon speaking. I've been listening to your show and I'm beginning to wonder what the world is coming to. I mean, what's wrong with me telling my little girl she's cute? I think that gender-neutral parenting is totally blind to natural differences. Once I remember giving my little daughter a truck to play with and she started cuddling it as if it were a baby. Then a few minutes later she dropped it and started playing with a doll. Let's face it: most girls will choose toys, like dolls, and boys will gravitate towards toys that are mechanically interesting, like cars and trucks. It's the way they're wired. It's the hormones running through our veins that motivate men to be men and women to be women. I say: Let boys be boys and girls be girls. Not let boys be girls and vice versa.

Justin: But we are not only controlled by instincts and hormones. We are also social creatures shaped by our culture and our environment. People who want to preserve traditional gender roles often use biology as an argument to keep men and women trapped in very traditional social settings.

Host: Well, I guess that is the big question: is it nature or nurture? Do we behave like ... what is considered ... a "typical" male or female because of our genetic make-up or because of how we are raised?

Justin: Well, I'd like to think that because of the way we raise our twins, they will both have the same opportunities in life. And I'm convinced that there are little things that everyone can do when bringing up children so that the gender gap will eventually close over time. We are also not about tabooing certain things like Barbie dolls or traditional fairy tales with very stereotypical gender roles. We are more about exposing our children to a great variety of stories, for example. You know, Astrid Lindgren's Pippi Longstocking is a great example of a book showing a strong, tough, independent and funny female protagonist and luckily even Disney has figured out that their female characters can be more than just pretty and in need of rescue. Look at Pocahontas.

Host: Yes, well let's have one more caller, before we take a break. Hello Trish?

Trish: Hi! You know what? I think that gender-neutral parenting is nothing more than window dressing. You know, you can buy as many green and yellow baby clothes as you want and tell your boy he is creative and your girl she is oh so intelligent. What really matters is what kind of a role model you are as a mother and father. I'm a scientist, working in the pharma industry. My daughter sees her mother working in a job like that, so she learns that that is a normal thing to do for a woman. I still like to dress up and put on make-up with my daughter and do so-called girly things. And by the way, I tell my daughter that she's pretty all the time. I don't think that's going to hold her back ...

Host: I see your point. Let's come back to it after the break.

[music setting in]

LÖSUNGEN

A 2 Angeleiteter Test 1

Seite 14
Listening Part 1: Travelling by Train
1. A
2. C
3. C
4. B

Seite 16
Listening Part 2: Radio Ads
5. C
6. C
7. B
8. B

Seite 17
Listening Part 3: The Summer Holidays
Jede sinnvolle Antwort wird akzeptiert. Es werden nur ganze Punkte vergeben. Für jede Antwort kann maximal ein Punkt vergeben werden. Werden bei einem item *mehrere Aspekte angegeben, so kann der Punkt nur vergeben werden, wenn alle genannten Aspekte inhaltlich richtig sind.*
Wichtig: Sprachliche Fehler führen nicht zu Punktabzug, solange die Aussage verständlich ist.

	holiday idea	reason why
David	gardening / start(ing) your first garden	something you can be proud of
Tina	a health and beauty day / a beauty day	(you'll) feel (totally) relaxed
Michael	a brunch with friends (at home)	cheaper / don't have to spend all your cash in a restaurant/have a great time
Becky	yoga	good for your body / great for reducing stress / reduces stress / (you'll) feel like a new person
Tom	volunteer work	meet new people / get into (great) shape / get a suntan / (give you an) idea of what you want to do later on (in life)
Karen	give your bedroom a new look	makes you happy

Seite 18
Listening Part 4: World Animal Day / Going Veggie
18. C
19. C
20. B
21. B
22. B
23. A
24. A
25. B

Seite 20
Reading Part 1: Out and About – Notices and signs
1. C
2. A
3. B
4. B
5. C

Seite 22
Reading Part 2: British Music Festivals
6./7. Cameron: B, H
8./9. Rebecca: C, F
10./11. Ben: A, F
12./13. Megan: E, G
14./15. Liam: C, D

Seite 24
★ **Reading Part 3: The Flash Mob Phenomenon**
16. D
17. B
18. D
19. A
20. C
21. C
22. A
23. B
24. C
25. B

A 3 Angeleiteter Test 2

Seite 28
Listening Part 1: Answerphone Messages
1. B
2. D
3. C
4. D

Seite 30
Listening Part 2: Radio Spots
5. H
6. E
7. B
8. F

Seite 31
Listening Part 3: A Great Barrier Reef Day Cruise
Jede sinnvolle Antwort wird akzeptiert. Es werden nur ganze Punkte vergeben. Werden bei einem Item *mehrere Antworten gegeben, kann der Punkt nur vergeben werden, wenn alle genannten Aspekte inhaltlich richtig sind.*

Wichtig: Sprachliche Fehler führen nicht zu Punktabzug, solange die Aussage verständlich ist.

facts about the size of the reef (9/10): *3000 separate reefs / 900 islands / 2000 km long*	what you learn about corals (15): *animal species / can't survive (die) out of water / form new reefs on old ones / 350 types*
sea life around the reef (11/12): *whales / dolphins / sea turtles / 1500 different species of fish / 350 types of coral / whale sharks*	
number of visitors every year (13): *1.5 million*	rules for divers at the reef (16): *don't touch, damage, destroy the coral / don't stir up (move) the seabed*
activities on the tour (14): *scuba-diving / trip in glass-bottom boat*	

Seite 32

★ **Listening Part 4: Teenage Ganglands**

17.C
18.C
19.B
20.A
21.A
22.C
23.A
24.C
25.B

Seite 34

Reading Part 1: Travelling Around – Signs and Notices

1. B
2. D
3. A
4. B
5. A

Seite 36

Reading Part 2: The Perfect Job

6./7. Lauren: D, E
8./9. Martin: C, D
10./11. Kylie: B, E
12./13. Kevin: A, F
14./15. Alice: A, G

Seite 38

★ **Reading Part 3: Is Facebook Killing the School Reunion?**

16.D
17.B
18.D
19.C
20.C
21.D
22.A
23.B
24.D
25.A

A 4 Test 3

Seite 42

Listening Part 1: Out Shopping

1. D
2. C
3. C
4. A

Seite 43

Listening Part 2: Radio Spots

5. B
6. B
7. C
8. C

Seite 44

Listening Part 3: A Travel Podcast / Welkommen to Berlin

Jede sinnvolle Antwort wird akzeptiert. Es werden nur ganze Punkte vergeben. Werden bei einem item mehrere Antworten angegeben, kann der Punkt nur vergeben werden, wenn alle genannten Aspekte inhaltlich richtig sind.

Wichtig: Sprachliche Fehler führen nicht zu Punktabzug, solange die Aussage verständlich ist.

9. Ohio, USA/Ohio, Midwest USA / 300 miles from Chicago
10. around 180 people
11. walking / on foot / horse(-back) / horse-drawn buggy
12./13. enjoy beautiful countryside / learn about Amish lifestyle / visit local farms / enjoy traditional local products / taste apple pie ...
14. simple, traditional / men have beards / simple, plain clothes / no mobile phones or computers
15./16. freedom / no military service / good farmland
17. by bus (Greyhound) from Chicago / a day's (300-mile) drive from Chicago / by car from Chicago

Seite 45

★ **Listening Part 4: Taking Time Out**

18.B
19.A
20.B
21.B
22.C
23.B
24.B
25.B

Seite 46

Reading Part 1: Signs, Notices and Labels

1. D
2. B
3. D
4. B
5. C

Seite 48
Reading Part 2: Keeping Fit
6./7. A, F
8./9. B, D
10./11. C, G
12./13. A, B
14./15. D, E

Seite 50
★ **Reading Part 3: Mirror, Mirror on the Wall ...**
16. A
17. B
18. D
19. C
20. C
21. D
22. D
23. B
24. D

ORIGINALPRÜFUNG 2021

LÖSUNGEN (nicht amtliche Lösungen)

TEIL I: HÖRVERSTEHEN

Seite 53
Listening Part 1: Voicemail Messages
1. C
2. A
3. A
4. C

Seite 56
Listening Part 2: Radio Ads
5. B
6. F
7. D
★ 8. C

Seite 57
Listening Part 3: Business Ideas
Lösungsvorschläge:
9. make low-cost Braille printer / printer for the blind
10. lots of attention /// positive feedback /// invitation to the White House
11. go to college /// study engineering /// work with robots in hospital
12. sold own sneakers for $ 700
13. sells sneakers to celebrities /// clients are celebrities /// successful website ($ 1 million in sales)
14. design own line of sneakers
★ 15. make/produce drinks from unwanted/damaged/old fruit
16. worldwide problem of food waste /// campaign to reduce food waste
★ 17 profitable from day one / the beginning /// saved 175 tons of fruit /// won award/title (Young Entrepreneurs 2017)

Seite 58
Listening Part 4: Gender-Neutral Parenting
18. A
★ 19. C
★ 20. C
★ 21. A
★ 22. B
★ 23. B
★ 24. A
★ 25. C

TEIL II: LESEVERSTEHEN

Seite 60
Reading Part 1: Film Festival

1/2	Theo	A, C
3/4	Nadya	F, G
5/6	Phil	B, F
7/8	Phuong	D, E
9/10	Kiara	D, G

Seite 63
Reading Part 2: Short Texts

11.B
★ 12.C
13.A
14.B
15.D
★ 16.C

Seite 66
Reading Part 3: Meet the Marathon Cheats

★ 17.D
18.B
★ 19.B
★ 20.C
★ 21.D
★ 22.C
★ 23.C
★ 24.D
★ 25.A

Teil B – Die mündliche Prüfung

Berlin:
Seite 73

question	1	2	3	4	5	6	7	8	9	10
answer	g	h	b	a	i	k	d	l	e	c

Berlin:
Seite 75

Making a suggestion (einen Vorschlag machen)	**Agreeing with a partner (einem Vorschlag zustimmen)**	**Disagreeing with a partner (einen Vorschlag ablehnen)**
What do you think of ...?	That's a great idea.	I don't think that's a good idea (because ...)
What about ...?	That sounds good/great.	I'm afraid I can't agree with you.
How do you feel about ...?	Yes, OK.	Well, that's true but ...
Why don't we ...?	All right, I agree.	I really think you're wrong because ....
Let's ...?	I think so too.	I'm sorry but I don't agree with you.
How do you feel about that?	You're absolutely right.	Personally, I think ...
We could ...	Of course, I agree with you.	... That's not a great idea because ...
Do you agree?		I can't agree with you.

Brandenburg:
Seite 84

question	1	2	3	4	5	6	7	8	9	10
answer	g	h	b	a	i	k	d	l	e	c

C 2 Angeleiteter Test 1

Seite 102
Writing Part 1: Your Photo
Lösungsvorschlag:
Yes, that's me in the picture! It was really amazing. A great feeling: like flying and skating and swimming all at once! The picture was taken in Portugal last summer when I was trying out kite surfing for the first time. Those were the best three hours of my life!
(49 words)

Seite 103
Writing Part 2: Getting Fit
Lösungsvorschlag:
Hi Tracy,
I know your problem, but you shouldn't go on one of these extreme diets. They don't work and can be dangerous. And magic pills are even more dangerous and won't help you. They could make you ill. Why don't you try and eat healthily? Maybe cut out the sweets and eat more fruit. I think exercise is very important if you want to stay fit and healthy. I go jogging in the park every Saturday morning and I cycle a lot. You could go to a fitness club with friends or, like me, go jogging round the park. Another idea is dancing. That is a lot of fun. Start tomorrow and you will feel better soon.
Good luck, ... (120 words)

Seite 104
★ **Writing Part 3: Mediation – Options after School**
Erwartet wird eine sinngemäße Übertragung (keine wörtliche Übersetzung!) ***eines*** *Berichtes. Die wesentlichen inhaltlichen Aspekte sind im Folgenden aufgelistet, wobei die Formulierungen nur Beispielcharakter haben. Der Text muss anlass-und adressatengerecht in Form einer E-Mail formuliert werden.*

Erwartete Inhaltspunkte:
Der Text umfasst eine knappe inhaltliche Beschreibung von einem Bericht. Es müssen jeweils eine allgemeine Information und mindestens vier zusätzliche Aspekte genannt werden.

Volunteer work in Peru

allgemein z. B. Josephine works with children / in a kindergarten in Peru.

weitere Informationen, z. B.:

- wanted to do something different after school
- wanted to improve her Spanish skills
- takes part in a three-month project in Cusco, Peru
- works for four hours four days a week
- plays with the children, paints pictures with them
- reads to kids in English or Spanish, other activities
- uses free time to explore and travel the country
- is planning to do a Spanish and a cooking course
- homesickness is no problem for her
- friendly host family
- is happy about her decision and the amazing experiences
- ...

Felipe, Au Pair from Spain

allgemein z. B.: Felipe works as a Spanish au pair in Berlin

weitere Informationen, z. B.:

- is 18 and came to Germany three months ago
- lives with host family in Berlin-Tempelhof
- decided to be an au pair after he finished school and had no apprenticeship
- his friends were surprised
- has four brothers and sister at home and can deal with children
- had a culture shock at first; his German wasn't that good
- started German language course and studied for three hours every evening
- host children are boys, aged 5 and 8 → being a male au pair is an advantage
- plays with them, picks them up from school, helps in the house
- explores Germany (trips, theatre)
- meets his new German friends at weekends
- misses Spanish weather
- recommends being an au pair for learning more about yourself, other cultures
- you can learn to be more independent but at the same time you are part of a family
- ...

C 3 Test 2

Seite 108
Writing Part 1: Your Photo
Lösungsvorschlag:
No joke – I am the one on the right, with the fake flowers on my head. My best mate and I had this summer job in a theme park and we had to wear these costumes. It was great fun. People were talking to us and taking pictures all the time. This photo was taken on our last day, by a professional photographer!
(58 words)

Seite 109
Writing Part 2: A Camping Trip With Friends
Lösungsvorschlag:
Hi Ian,
I really understand your problem. I am 16 now and my parents didn't allow me to have a camping holiday at the Baltic Sea with my friends last year. It's annoying when your parents are too strict. But in my opinion it's quite normal. It shows how much they care. This year my parents let me have my first holiday without them. They know I am responsible enough to stay safe. Maybe you should get a Saturday job to get some extra money. You could also make a deal with your parents: If you work hard for school and help with the housework, they will let you go camping with friends next year.
Hope I could help.
Good luck, ...

Seite 110

★ **Writing Part 3: Mediation – Young German Talents**

Erwartet wird eine sinngemäße Übertragung (keine wörtliche Übersetzung!) ***eines*** *Profils. Die wesentlichen inhaltlichen Aspekte sind im Folgenden beispielhaft aufgelistet. Der Text muss anlass- und adressatengerecht in Form einer E-Mail formuliert werden*

Erwartete Inhaltspunkte:
Der Text umfasst die knappe inhaltliche Wiedergabe eines Profils. Es müssen jeweils eine allgemeine Information und mindestens vier zusätzliche Aspekte genannt werden.

ACE TEE (musician)
allgemein z. B.: Ace Tee is a female rapper / R&B musician
weitere Informationen, z. B.: – was born in 1993 in Berlin – grew up in Hamburg – her parents are from Ghana – trained as a hair stylist – started to make music under the name MEDUZV – released her song "Bist Du down?" in 2016 together with rapper Kwam.e. – made her own video for the song – the video went viral / became famous outside Germany – is interested in fashion and style – she wears many different outfits in the video – fashion magazines reported about her – designed a fashion collection for H&M in 2016 – her message is that you can express yourself through whatever you wear – ...

Edin Hasanović (actor)
allgemein z. B.: he is a successful young actor
weitere Informationen, z. B.: – escaped the war in Bosnia and Herzegovina as a baby with his mum – grew up in Berlin – wanted to be an actor as a young child – took part in castings at the age of 13 and – became an actor at a theatre (Berliner Ensemble) – also worked as an actor in a TV series for two years from the age of 15 – hard work and support from teachers/filmmakers helped him to do his A-levels in 2011 – got main parts in several films – won the film prize "Golden Camera" for best young actor in 2016 – played a part in a German mini-series, which won a US TV Film award – is involved in more future film projects – ...

Schriftliche Prüfungsarbeit zur erweiterten Berufsbildungsreife und zum Mittleren Schulabschluss im Fach Englisch 2021

Quelle der Aufgabenstellung
Lisum Landesinstitut für Schule und Medien Berlin-Brandenburg
Einige der Abbildungen weichen aus lizenzrechtlichen Gründen von der Darstellung in der Original-Prüfungsarbeit ab.

INFO Prüfung in Brandenburg

Im Jahr 2021 wurde in Berlin keine zentrale Prüfung für den Mittleren Schulabschluss durchgeführt.
In Brandenburg wurde für die Oberschule und die Gesamtschule eine zentrale Prüfung für die Bereiche Hörverstehen und Leseverstehen abgehalten. Diese Prüfung wird hier angeboten.

Teil I: Hörverstehen

Listening Part 1: Voicemail Messages

______ /4 P Track 13

AUFGABEN

- You are going to hear four people reacting to pictures which were sent in an online chat.
- Look at the pictures and then listen to each message.
- Decide which picture each speaker reacts to and put a tick in the right box.
- You can listen to the recording twice.

Message One

1. Which picture does the speaker react to?			

A ☐	B ☐	C ☐	D ☐

Message Two

2. Which picture does the speaker react to?			

A ☒	B ☐	C ☐	D ☐

Message Three

1. Which picture does the speaker react to?

A ☐	B ☐	C ☐	D ☐

2. Which picture does the speaker react to?

A ☐	B ☐	C ☐	D ☐

Listening Part 2: Radio Ads

_____ /4 P Track 14

AUFGABEN

Please note: You do not need to understand every word to do this task.

- You are going to hear four radio ads.
- You can listen to the recording twice.
- Read the slogans below first, then listen to the recording.
- For each ad choose the correct slogan from the list (A–F) and put a tick in the right box.
- There is only one correct slogan for each ad.
- Two slogans can't be matched.

A) Believe in yourself, not others.

B) Make sure you have access to information.

C) It takes a team to move forward.

D) Pay attention – stay alive.

E) Protect the earth – we only have one.

F) Let people know when you like what they do.

		Slogan					
Number	**Radio Ads**	**A**	**B**	**C**	**D**	**E**	**F**
5	Radio Ad 1						
6	Radio Ad 2						
7	Radio Ad 3						
8*	Radio Ad 4						

Listening Part 3: Business Ideas

_____ /9 P Track 15

- You are going to hear about three businesses that young people have started.
- You can listen to the recording twice.
- Complete the table below. Use 1 to 5 words or numbers for each answer.

	Business idea	How they got the idea *(Name one)*	What shows their success *(Name one)*	Future plans *(Name one)*
Braigo Labs 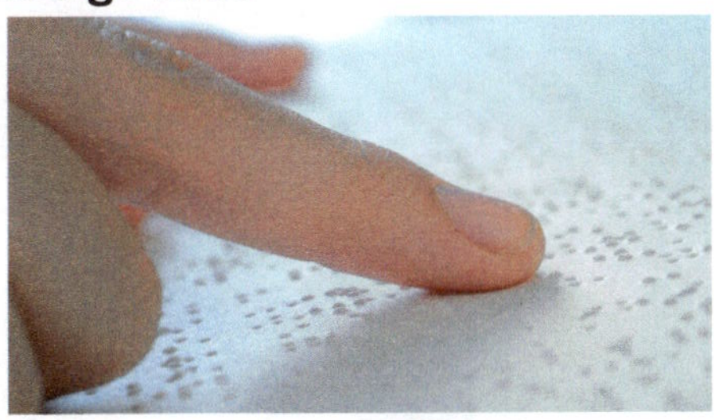	9	*shocked at expensive Braille printers*	10	11
Sneakerdon 	*sell rare sneakers*	12	13	14
Wonky Drinks 	15*	16	17*	*donate one million drinks*

Listening Part 4: Gender-Neutral Parenting

_____ /8 P Track 16

AUFGABEN

- You are going to hear a radio programme.
- There are five speakers: the host Zoe Ashurova, her guest Justin Solomon and the callers Sarya, Jon and Trish.
- You can listen to the recording twice.
- Read the statements below first, then listen to the recording.
- Put a tick in the box next to the correct statement.
- Only one statement is correct in each case.

18. According to Zoe, gender-neutral parenting is about	**A**	not raising children according to boy-girl stereotypes.	☐
	B	keeping your children's sex a secret.	☐
	C	same-sex couples bringing up children.	☐

19.* Justin started writing his blog because he realized that	**A**	babies receive too many gifts.	☐
	B	raising twins is a big challenge.	☐
	C	children are being labeled from the beginning.	☐

20.* What disturbs Sarya?	**A**	that her daughter demands girly clothes	☐
	B	that her daughter doesn't have any boys as friends	☐
	C	how people talk to her daughter	☐

21.* Justin's example of 'self-fulfilling prophecy' shows us that	**A**	the language we use influences a child's development.	☐
	B	putting pressure on your child can be harmful.	☐
	C	both A + B	☐

22.* What is Jon's main point?	**A**	Young children don't mind which toys they play with.	☐
	B	A child's play behavior is based on biological factors.	☐
	C	Modern education will strip children of their natural instincts.	☐

23.* Justin criticizes	**A**	parents who lack parental instincts.	☐
	B	people who want to keep the things the way they are.	☐
	C	children's food that contains too many hormones.	☐

24.* What is Justin's attitude towards bringing up his children?	**A**	encourage them to learn about different characters	☐
	B	limit the time they spend consuming media	☐
	C	both A + B	☐

25.* According to Trish, parents should	**A**	avoid gender-specific colors.	☐
	B	encourage boys to be more creative.	☐
	C	set a good example for their children.	☐

Teil II: Leseverstehen/Schreiben

Reading Part 1: Film Festival / 10 P.

AUFGABEN

- These people are looking for some films to watch at a film festival.
- First read the information about the people, then look at the descriptions of films (A–G) on the next page.
- In each case find the **two** films the people would watch. Write the letters of the films in the boxes next to the people's names.
- Some of the films can be chosen more than once.

No.	Film 1	Film 2		The people
1/2				**Theo** is not a fan of historical dramas. What he likes is a movie set in the present with a good combination of crime and action. Alternatively, he would like to watch a non-fictional film that uses unconventional filming techniques to address a worldwide issue.
3/4				**Nadya** is into literature. And so she likes movies that are based on books. Usually, she reads the book first and compares it to the movie later. So, any movie that she could add to her list is welcome. But she is also interested in funny movies that show a strong duo acting with or against each other – at least as long as it is not a romance.
5/6				**Phil** is into political movies based on histori-cal facts. He likes movies showing that people can change society when they unite to fight for their rights. However, he is not only interested in serious political topics. He also likes a good shootout with a bit of black humor.
7/8				In **Phuong's** opinion, movies can only touch the audience when they are based on a deep con-nection between the main characters. And when love comes into play – even better. At her school, she organizes campaigns against climate change. She is interested in a movie that offers an unexpected solution to our environ-mental problems.

9/10				**Kiara** has always loved fairy tales and stories of the supernatural. So she is up for any movie that involves mystical beings. She also likes to watch movies that are based on true stories about people from different cultural backgrounds who develop a close connection.

Close Enemies	**A)** Born and raised in a suburb ridden by drug trafficking, Driss and Manuel were like brothers. As adults, they have gone down exactly the opposite path: Manuel chose to lead the life of a gangster, while Driss became a cop. When Manuel's biggest deal goes terribly wrong, the two men meet again and come to realize they both need each other to survive in their worlds – with fists and guns. Between betrayals and resentments, and despite their hatred, they renew deep ties around the one thing they have left in common: their commitment to the place of their childhood.
Peterloo	**B)** On 16 August 1819, a crowd of some 60,000 people from Manchester and surrounding towns gathered in St Peter's Field to demand parliamentary reform and an extension of voting rights. The meeting had been peaceful but turned into a bloodbath when armed government militias panicked and fired at the crowd. The toll of casualties has always been disputed, but as many as 15 people were killed and up to 700 wounded. As a result of the confrontation, the Great Reform Act was passed, granting the people better participation in Parliament.
Human Flow	**C)** *Human Flow* is a German documentary film, co-produced and directed by Ai Weiwei, about the current global refugee crisis. In the film the viewer is taken to over 20 countries to understand both the scale and the personal impact of this massive human migration. It was shot using various technologies, including drones, cameras and iPhones. Human Flow brings to light the dimension of the current global refugee crisis and uses interviews from experts and refugees alike.
The Shape of Water	**D)** *The Shape of Water* is an American romantic dark fantasy film directed by Guillermo del Toro. Set in Baltimore, Maryland, in 1962, the story follows a mute cleaner at a high-security government laboratory who falls in love with a captured humanoid amphibian creature. Using sign language as a means of communication, she is able to teach the creature how to interact, thus deepening their relationship. As Elisa develops a special bond with her new friend, she soon learns that its fate and very survival lies in the hands of an evil government agent and a marine biologist. And so she takes measures to free the creature she has fallen in love with.
Downsizing	**E)** In the future, searching for a way to solve overpopulation and global warming, Dr. Jørgen Asbjørnsen invents "downsizing", a process to shrink people to a height of five inches. When the process is proven safe, he and his wife Anne-Helene become part of the first test on humans. Not only do the inventors claim that downsizing is environmentally friendly through the reduction of waste, but also that there are many other benefits that clearly seem to speak for it. However, this is only one side of the medal ...

The Sisters Brothers	F) *The Sisters Brothers* is a western dark comedy which depicts two notorious killers, the brothers Eli and Charlie Sisters, who get caught up in the California Gold Rush in the 19th century. Betraying their former employer, "the Commodore", they have to team up in firefights against countless hitmen who were sent out to punish their disloyal behavior, while at the same time saving their share of the "gold pie". Funny, yet brutally realistic, this movie is a must for every fan of westerns.
Victoria & Abdul	G) This film is a British biographical drama which is based on the book of the same name by Shrabani Basu. It is about the real-life relationship between Queen Victoria of the United Kingdom and her Indian Muslim servant Abdul Karim. Accompanying her during the final 14 years of her reign, Abdul and his family grow close to Queen Victoria. What starts off as a professional relationship turns into a friendship over the years, with Abdul teaching the Queen his native language Urdu and his knowledge of the Qur'an. It is a story of friendship in a time of strict social separation.

Reading Part 2: Short Texts

/ 6 P.

AUFGABEN

- Look at the text and the statements in each task.
- What does the text say?
- Put a tick next to the statement that matches the text – **A, B, C** or **D.**
- There is only one correct statement for each sign.

11

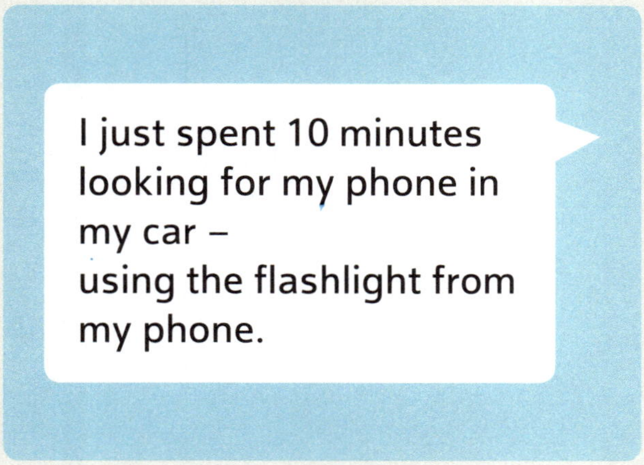

Where did the writer find their phone?

A	under the car seat	☐
B	in their hand	☐
C	in their pocket	☐
D	on the street	☐

12*

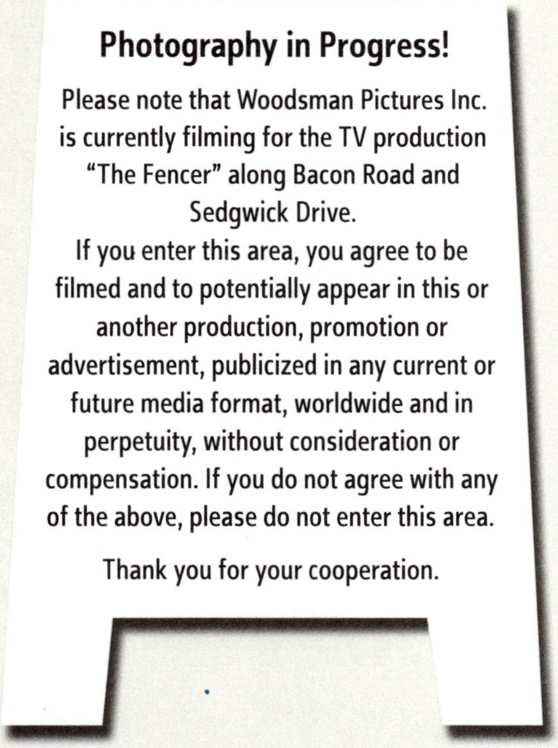

When you enter this area,

A	you disturb filmmaking in progress.	☐
B	you can take part in an audition.	☐
C	you give up some of your personal rights.	☐
D	you can take a selfie with one of the actors.	☐

THIS IS NOT OK.

In 2014, the glacier on top of the volcano Ok was the first glacier in Iceland to be declared dead. It was no longer big enough to move under its own weight. We fear that all of Iceland's remaining glaciers will meet the same fate within the coming 200 years. It is obvious what is happening. What needs to happen is also obvious.

December 2014

13 This sign reminds us of

A	the effects of climate change.	☐
B	the dangers of hiking on the glacier Ok.	☐
C	a famous Icelandic scientist.	☐
D	the first settlers in Iceland.	☐

14

Dear Field Ave neighbors,

Last night I placed a little love note to my wife on the bike I believed to be hers.
Today I realized that I put the letter on the wrong bike since she recently bought a new one.
If it was your bike I put the note on, I hope I caused you more amusement than confusion. I'm not in love with you (though I'm sure you're a wonderful person too).

- Greg

This is

A	a love letter.	☐
B	an explanation.	☐
C	an advertisement.	☐
D	a warning.	☐

15

You're at the end of the food chain.

Fish in the North Pacific are estimated to consume up to 24,000 tons of plastic every year. Help us make waves and end plastic pollution by visiting www.cleanwave-norpac.org

A	Stop overfishing.	☐
B	Learn how to make sushi.	☐
C	Follow a diet rich in seafood.	☐
D	Make the sea clean again.	☐

16*

A Californian company is now selling tissues that have been sneezed into by someone infected with a cold virus. The used hankies are advertised as "wellness" products, letting anyone willing to pay $ 80 catch a cold at a pre-planned time. According to Vaev Tissue founder Oliver Niessen, this offers customers the chance to "get sick on their own terms".

The product described here

A	is good for sensitive skin.	☐
B	is made of recycled material.	☐
C	can make you ill.	☐
D	is a scientific breakthrough.	☐

Reading Part 3: Meet the Marathon Cheats

AUFGABEN

- Read the text and the statements on the next page.
- Put a tick in the box next to the correct answer.
- Only one answer is correct in each case.

Just over halfway through the 2011 Kielder Marathon in Northumberland, Steve Cairns was in third place and out on his own. As he passed the 14-mile mark, he could see the two leading runners, Ricky Lightfoot and Marcus Scotney, a few minutes ahead on the trail. Behind him, just passing the 13-mile point, were the chasing pack. Cairns knew he had little chance of catching the front-runners. He was equally confident that, with a six-minute gap to close, the rest of the field had little chance of catching him. "I'm just going to enjoy this," he decided.

Cairns held on to his position and finished the race comfortably. As he crossed the finish line, he heard his result called over the PA. "I'm thinking, did I hear that right?" he says. "Fourth?" He asked a marshal to point out who was third. Cairns recognised the man immediately. It was Rob Sloan, the winner of a 10k race held the day before. There was no mistaking him: Sloan had a mohican haircut and distinctive tattoos. Cairns had exchanged nods with him on the start line; this was the first time he'd seen him since. Cairns placed a hand on Sloan's shoulder. "When did you pass me?" he demanded. "Out on the course," Sloan shot back.

Sloan didn't attend the medal ceremony. In the hours after the race, troubling details about his performance began to emerge. No other runners could recall him passing them on the trail. Photographs suggested he was missing from the race with a few miles to go. Then there was the most damning evidence of all. Witnesses clearly recalled seeing Sloan during the last few miles of the race – just not on the course. Sloan had taken a bus.

Race organiser Steve Cram, the Olympic 1,500m runner, called Sloan. "He absolutely denied it initially," says Cram. "Then he eventually owned up to it." The BBC reported the story and, soon enough, the tale of the marathon bus cheat had been picked up all over the world. Despite the evidence against him, Sloan withdrew his confession. Cram banned Sloan from his races. So did UK Athletics and then Sloan disappeared from the running scene. Meanwhile, Cairns was awarded his third place medal. "It was vindication," says Cairns. "But what I couldn't understand was: why had he done it?"

[...]
Apart from doping, marathon cheats can be divided into two main categories. There are the bib mules: runners who compete under another competitor's race number, typically in order to record a qualifying time for another prestigious race. [...] Then there are the course cutters, who engage in that most

rudimentary cheating tactic: jumping a barrier or ducking under some tape to skip a section of the course.

Nowadays, after almost every major race, a handful of competitors is exposed as cheats. [...] It's difficult to know if the problem is on the rise or if there are simply more offenders being caught. As technology has improved, marathon cheating has become a lot more risky. Competitors are now equipped with electronic chips that register runners' progress as they pass over timing mats installed around the course. This provides more accurate times – but it also gives organisers, and anyone who cares to look, a wealth of data to examine for suspicious results. Several nights a week, Derek Murphy settles down in front of the TV at his home in Cincinnati, opens his files and gets to work. By day, Murphy is a business analyst, but he's become better known as the man behind Marathon Investigation, a blog that for the past three years has been relentlessly exposing cheaters in the marathon world.

Murphy sees many different kinds of cheating. His specialism is in outing runners who dishonestly obtain qualifying times for the Boston Marathon. Sometimes it's for financial reasons. Other times it's to pose on social media. More often than not, says Murphy, the cheating isn't planned. "A lot more of it is where it spirals away from them," he says: a snap decision followed by lies that get out of control.

[...]
Next weekend, more than 50,000 people will line up to run the New York Marathon. Each will emerge with their own story: of overcoming mental and physical hurdles just to make it to the start line, of finding enough energy to run a personal best, of races run in memory of loved ones or in support of meaningful causes. Most of those stories will never be widely told – but will be no less significant for that. And for those who reach the finish line by dishonest means? Murphy, and a legion of other amateur race investigators, will be watching.

Adapted from: https://www.theguardian.com/global/2018/oct/28/meet-the-marathon-cheats (accessed 11 August 2021).

Reading Part 3: Meet the Marathon Cheats / 9 P.

17.* In the middle of the Northumberland Marathon, Steve Cairns	**A**	fell behind the chasing pack.	☐
	B	saw a chance of winning.	☐
	C	was running in a group of three.	☐
	D	was sure he would come in third.	☐

18. Finishing the race Cairns was surprised about	**A**	the name of the winner.	☐
	B	his own place in the race.	☐
	C	the outfit of the runner Rob Sloan.	☐
	D	meeting an old friend behind the finish line.	☐

19.* The runner Rob Sloan	**A**	enjoyed the medal ceremony.	☐
	B	had been seen on public transport.	☐
	C	had passed ten other runners on the final lap.	☐
	D	all of the above (A + B + C)	☐

20.* After the Northumberland Marathon, Sloan	**A**	was announced as the winner.	☐
	B	gave an interview on the BBC.	☐
	C	had to stop running races.	☐
	D	joined the race organisation team.	☐

21.* Which of the following ways of cheating is **NOT** mentioned in the 5th paragraph?	**A**	using substances to improve one's performance	☐
	B	cutting the course	☐
	C	letting someone else run the full course in their name	☐
	D	splitting the course between several runners	☐

22.* Nowadays, more and more runners	**A**	give up during the race.	☐
	B	complain about surveillance.	☐
	C	are caught cheating.	☐
	D	both A + B	☐

23.* Derek Murphy	**A**	sees marathon running as a business.	☐
	B	comments on marathon races on TV.	☐
	C	publishes reports of cheating online.	☐
	D	analyses runners' training methods.	☐

24.* In marathons, people cheat	**A**	to show off.	☐
	B	spontaneously.	☐
	C	to make money.	☐
	D	all of the above (A + B + C)	☐

25.* According to the last paragraph, most marathon runners	**A**	run for different personal reasons.	☐
	B	enjoy the special atmosphere.	☐
	C	look down on cheaters.	☐
	D	develop health problems later in life.	☐

Teil B Die mündliche Prüfung

B 1 Berlin: Vorbereitung – Let's get ready for the oral test!

B 1.1 Berlin: Was wird in der mündlichen Prüfung erwartet?

Bei der Überprüfung der mündlichen Sprechfertigkeit handelt es sich um eine **Partnerprüfung** von maximal 15 Minuten Dauer. Sie erfolgt **ohne Vorbereitungszeit.**
Das Prüfungsgespräch führt dein Englischlehrer beziehungsweise deine Englischlehrerin. Außerdem wird eine zweite Fachkraft anwesend sein. Diese Lehrkraft beobachtet die Prüfung und fertigt ein Protokoll an. Sie beteiligt sich aber nicht aktiv an der Prüfung.
Das mündliche Prüfungsgespräch besteht aus **vier Teilen**. Überprüft wird deine Fähigkeit, sprachlich korrekt auf verschiedene Gesprächs- oder Bildimpulse zu reagieren, deine Meinung überzeugend auszudrücken und dabei angemessen auf eine/-n Gesprächspartner/-in einzugehen.

B 1.2 Berlin: Zum Aufbau der mündlichen Prüfung (Partnerprüfung)

Die mündliche Prüfung setzt sich aus **vier Teilen** zusammen, in denen deine mündliche Sprechfertigkeit auf unterschiedliche Weise überprüft wird:
Teil 1 (ca. 2–3 Minuten): Die prüfende Lehrkraft begrüßt deine/-n Partner/-in und dich. Sie stellt euch abwechselnd Fragen zur Person, zu Hobbys und Freizeitaktivitäten, Vorlieben beziehungsweise Abneigungen und ähnlichen Themen. In der Regel werdet ihr auch aufgefordert, ein englisches Wort zu buchstabieren.
Teil 2 (ca. 2–3 Minuten): Der/Die Prüfende schildert euch eine Situation (z. B. die gemeinsame Urlaubsplanung) und fordert euch auf, passende Vorschläge zu unterbreiten, zu diskutieren und eine Entscheidung herbeizuführen. Unterstützend erhaltet ihr Bilder, über die ihr sprechen könnt.
Teil 3 (ca. 3 Minuten): Nacheinander erhaltet ihr nun ein Bild, das ihr eurer Partnerin bzw. eurem Partner etwa eine Minute zusammenhängend und in sinnvoller Reihenfolge beschreiben sollt.
Teil 4 (ca. 3 Minuten): Die Bilder aus Teil 3 sollen nun von euch zum Anlass genommen werden, ein Thema gemeinsam zu diskutieren. Hier geht es darum, Argumente zu entwickeln und die eigene Meinung überzeugend auszudrücken.

INFO zum Prüfungsablauf

Die Überprüfung der mündlichen Sprechfertigkeit erfolgt in vier Teilen:
1. **Kontakt aufnehmen:** Small Talk
2. **Etwas aushandeln:** Partnergespräch
3. **Ein Bild beschreiben:** zusammenhängend sprechen
4. **Über ein Thema diskutieren:** Partnergespräch

Prüfungsteil	Mögliche Themen und Inhalte	Übungshinweise
PT 1: Kontakt aufnehmen	– Fragen beantworten zu Person, Familie, Schule, Haustieren, Vorlieben, Hobbys, zur Art der Prüfungsvorbereitung, zum Berufswunsch – Buchstabieren	Tipps und Übungen zu diesem Prüfungsteil findest du auf S. 72
PT 2: Etwas aushandeln	– Planung einer Urlaubsreise, Klassen- oder Auslandsfahrt – Auswahl eines Geburtstagsgeschenkes oder eines Mitbringsels – Organisation eines Picknicks, einer Schulveranstaltung, eines Projekttages – Planung von Freizeitaktivitäten, Festen und Feiern	Tipps und Übungen zu diesem Prüfungsteil findest du auf S. 75

PT 3: Ein Bild beschreiben	Bilder, die Anlass zu einem Gespräch geben, z. B. – eine belebte Straßenszene, eine dörfliche Idylle, ein Restaurant oder Straßencafé, eine Bahnhofshalle oder Hotellobby; oder – Menschen, die Sport treiben, essen, lesen, spielen, arbeiten usw.	Tipps und Übungen zu diesem Prüfungsteil findest du auf S. 76
PT 4: Über ein Thema diskutieren	Diskussionen über gesunde Ernährung und Essgewohnheiten, soziales Engagement, Umwelt, gesunde Lebensweise, sinnvolle Freizeitbeschäftigung usw.	Tipps und Übungen zu diesem Prüfungsteil findest du auf S. 79

B 1.3 Berlin: Kriterien der Bewertung

Die prüfende Lehrkraft und die/der Protokollführende nehmen unmittelbar nach der Prüfung die Bewertung deiner Sprechleistung vor. Dabei stehen vier Bewertungskriterien im Mittelpunkt, die gleichwertig in die Endbeurteilung deiner Leistung einfließen:
- die kommunikative Kompetenz,
- der Gesprächsbeitrag,
- Grammatik und Wortschatz, und
- die Aussprache.

Kommunikative Kompetenz	Gesprächsbeitrag	Grammatik und Wortschatz	Aussprache
– Gelingt es dir, Gespräche zu eröffnen, fortzuführen und zu beenden? – Sprichst du verständlich und in vollständigen Sätzen? – Stellst du verständliche Fragen und gehst auf die Äußerungen deiner Partnerin bzw. deines Partners ein?	– Kannst du deine Gedanken sinnvoll strukturieren und ausdrücken? – Sprichst du zum Thema? – Gehst du auf deine/-n Partner/-in ein?	– Gelingt es dir, grammatische Strukturen möglichst fehlerfrei zu verwenden (z. B. bei der Fragebildung und den Zeitformen)? – Verfügst du über einen Wortschatz, der es dir ermöglicht, viele Themen spontan und verständlich zu diskutieren?	– Sind deine Aussprache und Intonation so gut, dass man dich problemlos versteht? – Sprichst du flüssig?

B 1.4 Berlin: Tipps zur Vorbereitung der mündlichen Prüfung

Du weißt bereits, dass es sich um eine **Partnerprüfung** handelt. Es ist daher sinnvoll, sich zu zweit auf diese Prüfung langfristig vorzubereiten. Am besten ist natürlich ein/-e Mitschüler/-in, mit der oder dem du diese Prüfung vielleicht tatsächlich gemeinsam ablegst. An manchen Schulen sind die Prüfungspaare bekannt. Das folgende Kapitel bietet dir wertvolle **Hinweise zur Vorbereitung** auf die einzelnen Prüfungsteile. Du findest außerdem **Strategien** für eine erfolgreiche Kommunikation, die du auch nach der Prüfung noch gewinnbringend anwenden kannst.

B 2 Berlin: Tipps, Strategien und Übungen zur Vorbereitung

In den folgenden Ausführungen findest du konkrete Tipps und Übungsvorschläge zur gezielten Vorbereitung auf die einzelnen Teile der mündlichen Prüfung. Außerdem werden dir nützliche Redemittel vorgestellt. Da die Prüfung zur mündlichen Sprechfertigkeit eine Partnerprüfung ist, solltest du dir zur Vorbereitung einen Freund oder eine Freundin suchen, mit dem oder der du gemeinsam üben kannst.

B 2.1 Berlin: Prüfungsteil 1 – Kontakt aufnehmen

In diesem Prüfungsteil werden dir und deiner Partnerin bzw. deinem Partner abwechselnd Fragen gestellt, z. B.

- *What's your name?*
- *How old are you?*
- *Where do you live?*
- *Do you have any (brothers, sisters, pets, ...)?*
- *What are your favourite (books, sports, free-time activities, subjects at school, ...)?*
- *Do you like (reading books/magazines, listening to music, ...)?*
- *How long have you been living in Berlin?*
- *What are your plans for (the weekend, your next holiday, ...)?*
- *How did you get to school today?*
- *Please spell your name/surname/the word "...".*

a) Ideen sammeln und strukturieren

Da sich diese Fragen auf bestimmte Themenkomplexe (*topics*) beziehen, lohnt es sich in der Vorbereitung thematische **Mindmaps** oder **Ideensammlungen** anzufertigen, z. B. zu diesen Themen:

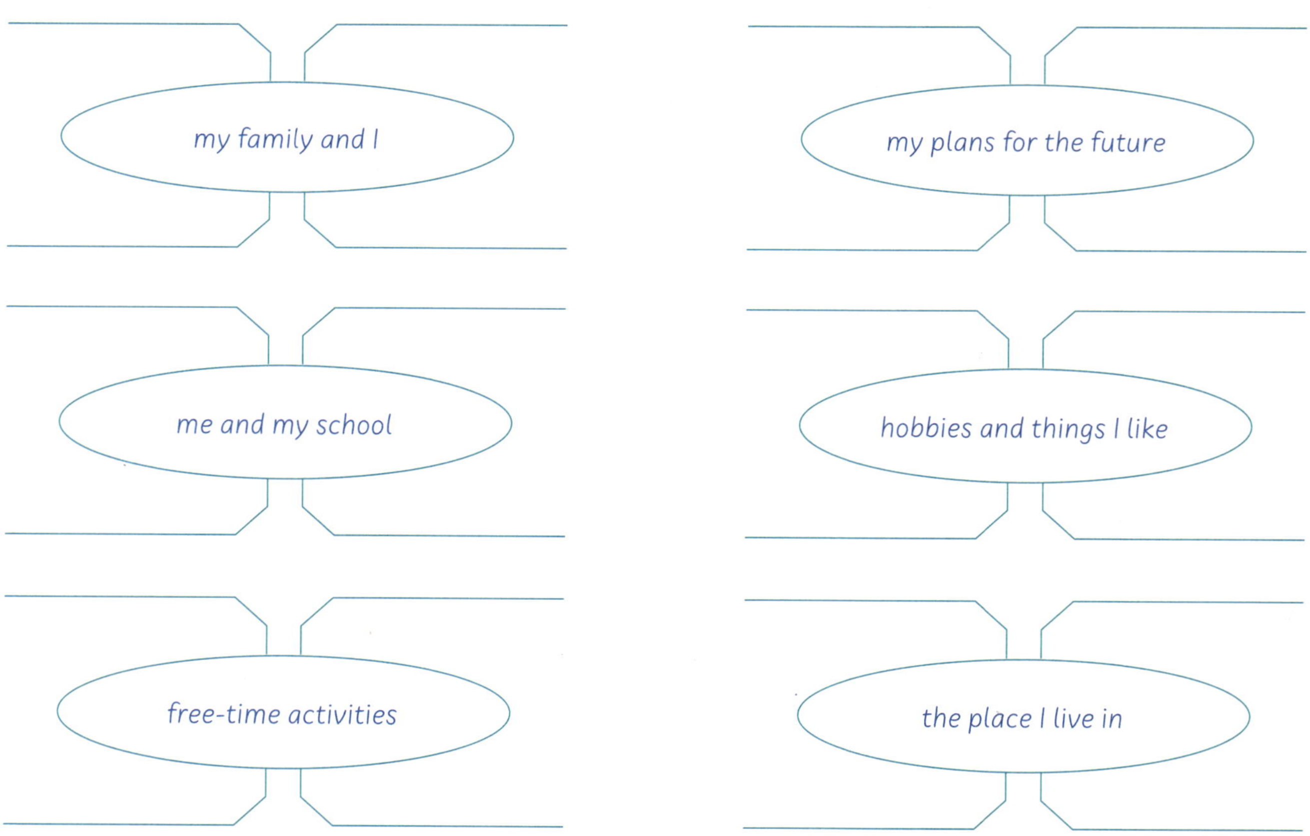

TIPP zur Vorbereitung

Das Anlegen dieser Themenlisten bzw. Mindmaps, das damit verbundene Nachdenken über mögliche Inhalte und das Nachschlagen von persönlich bedeutsamen Vokabeln ist eine ideale Vorbereitung auf den ersten Prüfungsteil. Es gibt dir etwas „zum Anfassen" und damit Struktur und Sicherheit.

b) Redemittel üben

Sieh dir die folgende Tabelle an. In der linken Spalte findest du Fragen, die möglicherweise im ersten Teil der mündlichen Prüfung gestellt werden. Lies die Antwortmöglichkeiten auf der rechten Seite durch und ordne den Fragen jeweils eine passende Antwort zu. Du hast mehr Antworten als du brauchst.

Questions		**Answers**	
1	When do you normally get up in the morning?	**a**	I was at the Baltic Sea with friends.
2	How do you usually get to school? How long does it take you to get to school?	**b**	Usually I go out with friends on Saturdays and sleep in on Sundays.
3	What do you usually do at weekends?	**c**	I practised with a partner in class and looked at my lesson notes.
4	What did you do last summer?	**d**	No, I don't. I think they are all unsafe.
5	What are your plans for next year?	**e**	Yes, I am. I watch a lot of football and I run every day.
6	What's your favourite subject?	**f**	Yes, I have a younger sister. Her name is Anne.
7	Are you using any social networking sites?	**g**	During the week I get up at 6 a.m.
8	How much time a day do you spend in front of the TV?	**h**	In winter I go by bus and in summer I cycle. I usually need twenty to thirty minutes.
9	Are you interested in sports?	**i**	I'm hoping to start an apprenticeship as a car mechanic.
10	How did you prepare for this exam?	**j**	My father works as a cook in a hospital.
		k	I like physics and maths best.
		l	I'm not sure. It depends what's on. Sometimes an hour a day, sometimes more.

Lösungen für Questions and Answers:

Trage den Buchstaben für die von dir gewählte Antwort ein.

question	**1**	**2**	**3**	**4**	**5**	**6**	**7**	**8**	**9**	**10**
answer										

Hier kannst du deine persönlichen Antworten zu den Fragen notieren:

1 ______________________________

2 ______________________________

3 ______________________________

4 ______________________________

5 ______________________________

6 ______________________________

7 ______________________________

8 ______________________________

9 ______________________________

10 ______________________________

c) Spielerische Partneraktivitäten zur Vorbereitung

1. **Frage-Antwort-Spiel:** Schreibt diese und ähnliche Fragen auf kleine Karteikärtchen und legt sie auf einen Stapel vor euch. Abwechselnd zieht ihr beide eine Karte und stellt sie der oder dem anderen vor. Fahrt fort, bis der Kartenstapel leer ist.
2. **Memory:** Bereitet zu jeder Frage auch ein Antwortkärtchen vor. Mischt alle Karten und legt sie verdeckt vor euch hin. Abwechselnd deckt ihr nun beide zwei Kärtchen auf. Ergeben diese ein Frage-Antwort-Paar, gehören die Karten euch.
3. **Domino:** Bereitet ein Domino-Spiel mit Fragen und dazu passenden Antworten vor. Spielt anschließend nach den Regeln eines herkömmlichen Dominos.
4. **Stopp die Zeit!:** Abwechselnd erhaltet ihr die Gelegenheit, so viele Sätze und Informationen über euch mitzuteilen wie möglich. Dabei wird die Zeit gestoppt. Gewonnen hat, wer am längsten zusammenhängend über sich sprechen konnte. Dieses Spiel auf Zeit könnt ihr natürlich endlos wiederholen – allein oder zu zweit.

Da ihr in der Prüfung aufgefordert werdet, ein Wort oder mehrere englische Wörter zu buchstabieren, lohnt es sich, die folgenden kleinen Übungsvorschläge in die Vorbereitung mit einzubeziehen.

d) Übungen und Aktivitäten zum Buchstabieren

1. **Wörtergewimmel:** Schreibt ca. 30 englische Wörter auf ein Blatt Papier. Anschließend buchstabiert ihr wahllos einzelne Wörter vorwärts oder rückwärts. Es gilt, möglichst schnell das entsprechende Wort zu finden.
2. Jede/-r von euch sucht sich zehn lange englische Wörter aus dem Wörterbuch aus. Schreibt sie auf ein Blatt Papier. Anschließend buchstabiert ihr sie abwechselnd. Die Partnerin oder der Partner muss das Wort nun im Wörterbuch finden und die Anzahl der Buchstaben notieren. Gewonnen hat, wessen Gesamtbuchstabenzahl am Ende die höhere ist.

B 2.2 Berlin: Prüfungsteil 2 – Etwas aushandeln

Im zweiten Prüfungsteil führst du ein Gespräch mit deiner Partnerin bzw. deinem Partner. Dabei wird von dir erwartet, dass du zu einer vorgegebenen Situation (z. B. einer bevorstehenden Klassenfahrt) Vorschläge unterbreiten und/oder angemessen auf Vorschläge reagieren kannst. Dazu notwendige und nützliche Formulierungen findest du in der folgenden Übersicht.

a) Redemittel zur Diskussion

Making a suggestion (einen Vorschlag machen)	**Agreeing with a partner (einem Vorschlag zustimmen)**	**Disagreeing with a partner (einen Vorschlag ablehnen)**
What do you think of …?	That's a great idea.	I don't think that's a good idea (because …)
What about …?	That sounds good/great.	I'm afraid I can't agree with you.
	Yes, OK.	Well, that's true but …
	All right, I agree.	

b) Zuordnungsübung
Versuche nun, die folgenden ungeordneten Redewendungen und Satzanfänge den passenden Sprechabsichten in der Tabelle zuzuordnen. Ergänze die Übersicht.

How do you feel about …? | I think so too. | You're absolutely right.

I really think you're wrong because … | Why don't we …? | Of course, I agree with you.

I'm sorry, but I don't agree with you. | Personally, I think …

I can't agree with you. | We could … | Do you agree?

Let's … | That's not a great idea because …

c) Partnerübung zur Vorbereitung

1. Mithilfe der Redewendungen aus a) und b) könnt ihr euer Wissen nun an den folgenden Situationen ausprobieren:
   Task: Discuss the topic(s) and come to a decision – only after you have talked about all five options.

You and your friend are going to visit New York, what should you take? – an umbrella – a map – an MP3 player – a camera – a dictionary	Your friends want to go out for an evening together. Where will you go? – cinema – museum – bowling – disco – rock concert
Your class are planning a weekend trip, where will you go? – a farm in Brandenburg – the beach – the mountains – water park – a friend's garden	You want to lose weight. What can you do to live more healthily? – no fast/junk food – more fruits/vegetables – work out in a gym – walk to school – no coke or other fizzy drinks

TIPP

In der realen Prüfung erhältst du zu der geschilderten Situation anstelle der fünf Optionen kleine Bildimpulse, die dir Ideen geben, um das Gespräch oder die Diskussion zu eröffnen bzw. aufrechtzuhalten. Nutze diese Hilfe, lege die Bilder aber unbedingt beiseite, wenn sie dir unpassend erscheinen oder wenn sie unbekannten Wortschatz verlangen.

TIPP zur Gesprächsführung

Löse dich in diesem Prüfungsteil von der prüfenden Lehrkraft. Wende dich ganz deiner Partnerin bzw. deinem Partner zu und arbeite mit Mimik und Gestik. Nicke ihr oder ihm zu, lächle aufmunternd und nutze das Bildmaterial, um mit dem Finger darauf zu zeigen und das Gespräch authentischer wirken zu lassen.

B 2.3 Berlin: Prüfungsteil 3 – Ein Bild beschreiben

a) Schrittfolge und Redemittel zur Bildbeschreibung

Im dritten Prüfungsteil wird von dir erwartet, dass du zunächst ein aussagekräftiges Bild beschreibst, bevor du im nachfolgenden Prüfungsteil mit deiner Partnerin bzw. deinem Partner Sachverhalte des Bildes diskutierst.

Die nachfolgende Schrittfolge zur Bildbeschreibung wird dir helfen, ruhig und strukturiert vorzugehen.

Schritt 1:	Schau dir das Bild in Ruhe an.
Schritt 2:	Welche Situation wird dargestellt? – Zeigt es eine Straßen- oder Restaurantszene? – Werden junge Leute am Strand oder Menschen am Arbeitsplatz dargestellt? Nützliche Redemittel zur Beantwortung der Fragen: *– This picture shows ...* *– This is a picture of ...* *– In this picture I can see ...*

Schritt 3:	Was befindet sich im Mittelpunkt des Bildes? – Personen oder zentrale Gegenstände? – Wo befinden sie sich? Redemittel: – *In the foreground/middle/centre of the picture, there is/are … / I can see …* – *(S)he is walking along … / sitting inside … / working at …* (ACHTUNG: Handlungen von Personen werden in Bildbeschreibungen mit der Verlaufsform der Gegenwart – dem *present progressive* – ausgedrückt!)
Schritt 4:	Was tun die Menschen gerade? Wer mögen sie sein? Wie fühlen sie sich? Redemittel: – *(S)he is reading … / talking to … / playing with …* – *They're having a meal. / … sunbathing in the sea. / … writing a letter.* – *This person (on the left/right) seems to be a lifeguard.* – *The old man is probably a tourist.* – *You can tell they are enjoying themselves because …* – *The old lady looks very happy … / seems a bit frightened …*
Schritt 5:	Gibt es andere Dinge, die für die Bildaussage wichtig sind? Beschreibe deren Position bzw. Bedeutung. Redemittel: – *In the background there is/are …* – *On the left/right I can see …* – *In the bottom/top left-hand corner … / In the bottom/top right-hand corner …* – *At the top/bottom …* – *There's a … next to … / behind … / in front of … / opposite …* – *It's probably the … because … / It might be … because …*

TIPP

Es kann passieren, dass dir die Vokabel zur Benennung eines zentralen Gegenstandes des Bildes gerade nicht einfällt. Keine Panik! Versuche einfach, diese Sache zu umschreiben. Erkläre,
- wozu man ihn braucht oder verwendet:
  It's something you need to … / use to …
  It's a kind of (tool, bike, container for …)
- wie er aussieht (Farbe, Größe, Form):
  It's a red and round vegetable.
- wo man ihn gewöhnlich findet oder aufbewahrt:
  It's something you find in your cupboard / in a forest / near a lake.
- wo er hergestellt wird und/oder aus welchem Material er besteht:
  Wooden sticks that people use in China.

Umschreiben kann man auch durch die Verwendung
- eines **ähnlichen Wortes** (*very big* statt *huge*),
- des **Gegenteils** (*not fast* statt *slow*),
- von Ober- oder Unterbegriffen (*things like knives, forks and spoons* statt *cutlery*) bzw.
- durch die Beschreibung einer **passenden Situation** (*you feel like this when you have to live far away from home* statt *homesick*).

b) Übung zum Umschreiben

Schreibe die folgenden deutschen Begriffe auf kleine Zettel. Lege den Zettelstapel dann umgedreht vor dich hin und ziehe nacheinander die Begriffe. Versuche sie auf Englisch zu umschreiben. Die Begriffe, die dir gut bzw. sofort gelingen, lege beiseite. Konzentriere dich nun auf die besonders kniffligen Wörter und überlege, wie du sie mit deinen Worten erklären kannst. Übung macht die Meisterin bzw. den Meister!

Schraubenzieher	Steckdose	Stecknadel	Schubkarre
Flaschenöffner	Stricknadel	Kerzenständer	Backpulver
Fahrradschlauch	Gießkanne	Geldbörse	Mülltonne
Verkehrsampel	Hupe	Antenne	Föhn

Du kannst diese Übung auch zu zweit durchführen. Ihr könnt weitere Begriffe aufschreiben oder aus Umschreibungen den gesuchten Begriff erraten.

c) Übungen zur Bildbeschreibung

Bilder zum Beschreiben findest du in jeder Tageszeitung, Zeitschrift oder im Internet.
Gute Bilder ...
- sind farbig,
- zeigen Menschen in ihrem Alltag und
- bieten viele Details zum Beschreiben an.

TIPP

Deine Bildbeschreibung sollte in der Prüfung ungefähr eine Minute dauern. Stell dir eine Eier- oder Stoppuhr, wenn du mit der Beschreibung beginnst. So entwickelst du ein Gefühl für die Zeit.

Partnerübung 1: Wähle ein Bild aus und beschreibe es deinem Gegenüber. Baue einen oder zwei Fehler in deine Beschreibung ein. Kann dein/-e Partner/-in sie finden?

Partnerübung 2: Ihr nehmt beide das gleiche Lehrbuch. Während du ein Bild auswählst und beschreibst, hält dein Gegenüber das Buch geschlossen. Nach Beendigung der Beschreibung erteilst du das Kommando „Ready, steady, go!“ und dein/-e Partner/-in versucht so schnell wie möglich das beschriebene Bild zu finden. Ihr könnt euch dabei abwechseln und die „Suchzeit“ stoppen.

Partnerübung 3: Wähle ein beliebiges Bild aus und beschreibe es. Währenddessen versucht dein Gegenüber, dieses Bild nach deiner Beschreibung zu zeichnen. Anschließend vergleicht ihr es mit dem Original.

TIPP

Vergiss nicht, ...
- in ganzen Sätzen zu sprechen.
- deine Beschreibung zu strukturieren, d. h. mit der dargestellten Situation zu beginnen und danach mit den zentralen Personen/Gegenständen fortzufahren.
- Vermutungen (z. B. über Menschen und deren Gefühle und Stimmungen) anzustellen und zu begründen.
- unwesentliche Details wegzulassen, denn du hast nur etwa eine Minute Zeit.

B 2.4 Berlin: Prüfungsteil 4 – Über ein gegebenes Thema diskutieren

In diesem Prüfungsteil werdet ihr aufgefordert, zu zweit eine Diskussion zu einem vorgegebenen Alltagsthema zu führen. Dieses Thema schließt inhaltlich an die von euch beschriebenen Bilder im Prüfungsteil 3 an. Wenn du also im dritten Prüfungsteil siehst, dass dein Bild oder das deiner Partnerin bzw. deines Partners Menschen bei sportlichen Aktivitäten zeigen, kannst du davon ausgehen, dass ihr im vierten Prüfungsteil die Aufgabe erhalten werdet, ein Gespräch zum Thema Sport und Fitness zu führen.

Folgende Themen (*topics*) könnten dir in diesem Prüfungsteil begegnen:
- *The importance of sports and personal fitness*
- *Free time and weekend activities*
- *What makes the perfect holiday?*
- *Eating habits and a healthy diet*
- *Information technology in your life*
- *City life or country life?*
- *How to save the environment*
- *Summer or winter – what's your season?*
- *Important relationships in your life*
- *Fashion, appearance, style*
- *The impact of media*

Auch hier bietet es sich an, eine **Ideensammlung** zu verschiedenen Themen anzulegen: Was kannst du zu den einzelnen Themen sagen, welche Meinung vertrittst du zu Themen wie „gesunde Ernährung“ oder „sinnvolle Freizeitgestaltung“?

TIPP

Lege zu den einzelnen Problemstellungen jeweils eine Karteikarte an, auf der du deine Meinung formulierst und gute Argumente notierst. Du wirst schnell merken, dass sich bestimmte Redewendungen häufig wiederholen. Diese Wiederholungen prägen sich natürlich schnell ein.

Es geht also darum, die eigene Meinung auszudrücken sowie Argumente zu entwickeln und zu begründen. Viele der dazu notwendigen Redemittel findest du bereits im Kapitel B 1.2 a) und b)
Die folgende **Übersicht** zeigt dir noch einmal, wie du deine eigene Meinung ausdrücken kannst.

a) Redemittel zur Meinungsäußerung

I think/feel/believe …
In my opinion …
As I see it …
In my view …
It seems to me that …
My point of view is that …

b) Argumentieren

Es reicht natürlich nicht, nur die eigene Meinung zu sagen. Du solltest dich immer bemühen, auch Gründe und Argumente aufzuzählen, die dich zu deiner Überzeugung veranlassen. Da es für viele Problemstellungen zwei Seiten (pro und kontra) gibt, bietet es sich an, eine zweispaltige Tabelle anzulegen, wie z. B. die folgende zum Thema „City or country life? What do you prefer?“

City life	**Country life**
– entertainment – short distances – shopping (facilities) – ...	– healthy lifestyle – close relationships – close to nature (lakes, ...) – ...

c) Fragen stellen

Du und dein/-e Partner/-in seid natürlich nicht nur aufgefordert, eure Meinung zum Thema zu vertreten und über euch zu berichten, sondern auch, euch gegenseitig zu befragen. Somit könnt ihr die Richtung des Gesprächs durch eure Fragen aktiv mitbestimmen. Es ist deshalb sinnvoll, sich im Vorfeld auch mögliche Fragen zu den einzelnen Themen zu überlegen und diese zu formulieren. Dabei lassen sich einige Fragestrukturen auf viele Themen übertragen, z. B.

- *What's your favourite ... ?*
- *What do you think about ... ?*
- *Why don't (do) you like ... ?*
- *What kind of .... do you (have/like/hate ...)?*
- *How often do you ... ?*
- *Do you prefer ... or ... ?*
- *Have you ever ... ?*

Wenn ihr diese drei Aspekte a) bis c) auf eurer Ideensammlung schriftlich notiert, könnt ihr sprachlich gut vorbereitet in eine Partnerübungsphase gehen. Hier bietet es sich an, Problemstellungen auf kleine Zettel zu schreiben, diese verdeckt auf den Tisch zu legen und nacheinander umzudrehen. Die daraus entstehenden Diskussionen werden zunächst noch kurz und holprig verlaufen, ihr übt dadurch aber die Gesprächsführung. Am Ende werden die Gespräche zu Routine und vermitteln Spaß an der Diskussion.

Diskussionskärtchen zum Üben

Dies sind Beispiele für Diskussionskärtchen:

City or country – where would you like to live?	What makes a healthy diet?	The best way to relax: in front of the TV or at the gym?	What makes the ideal holiday?
No more fast food restaurants!	Marriage – out of date?	Facebook – all fun or no fun at all?	Being vegetarian is the only fair and healthy way to eat.
Is it important to wear the latest fashion? Can your look influence your life?	Is life today possible without smartphones?	School's finished. What's best next – a year abroad or work?	Extreme sports – stupid risk or fantastic experience?

Teil B Die mündliche Prüfung

B 1 Brandenburg: Vorbereitung – Let's get ready for the oral test!

B 1.1 Brandenburg: Was wird in der mündlichen Prüfung erwartet?

Bei der Überprüfung der mündlichen Sprechfertigkeit handelt es sich um eine **Gruppenprüfung** von 15–20 Minuten Dauer. Sie erfolgt **ohne Vorbereitungszeit.**
Das Prüfungsgespräch führt dein Englischlehrer bzw. deine Englischlehrerin. Außerdem wird eine zweite Lehrkraft anwesend sein. Diese Lehrkraft beobachtet die Prüfung und fertigt ein Protokoll an. Sie beteiligt sich aber nicht aktiv an der Prüfung.
Das mündliche Prüfungsgespräch besteht aus **drei Teilen.** Überprüft wird deine Fähigkeit, sprachlich korrekt auf verschiedene Gesprächs- oder Bildimpulse zu reagieren, deine Meinung überzeugend auszudrücken und dabei angemessen auf Gesprächspartner/-innen einzugehen.

B 1.2 Brandenburg: Zum Aufbau der mündlichen Prüfung (Gruppenprüfung)

Die mündliche Prüfung setzt sich aus **drei Teilen** zusammen, in denen deine mündliche Sprechfertigkeit auf unterschiedliche Weise überprüft wird:
Teil 1 (ca. 4–6 Minuten): Die prüfende Lehrkraft begrüßt alle Gruppenmitglieder. Er stellt euch in einem kurzen Gespräch Fragen zur eigenen Person, zu Hobbys und Freizeitaktivitäten, zu Familie und Freunden, aber auch zu Träumen und Hoffnungen. Gegebenenfalls erhaltet ihr auch Gelegenheit, einem der anderen Prüflinge eine Frage zu stellen.
Teil 2 (ca. 5–7 Minuten): Im zweiten Teil der Gruppenprüfung erhaltet ihr nacheinander einen visuellen Impuls (z. B. ein Foto, eine Zeichnung, einen Cartoon mit/ohne Sprechblasen), der euch einen Sprechanlass bieten wird. Alle Bilder beziehen sich auf ein gemeinsames Thema, zu dem sich jeder Prüfling zusammenhängend äußern soll.
Teil 3 (ca. 6–7 Minuten): Ausgehend vom Thema der Sprechimpulse im Teil 2 der Prüfung erhaltet ihr nun von der prüfenden Lehrkraft eine Aufgaben- bzw. Problemstellung. Sie dient euch zum gemeinsamen Gedankenaustausch, aber auch zur Diskussion. In Form eines kleinen Rollenspiels sollt ihr hier Argumente entwickeln und Problemlösungen herbeiführen.

INFO zum Prüfungsablauf

Die Überprüfung der mündlichen Sprechfertigkeit erfolgt in drei Teilen:
1. **Dialogisches Sprechen/Interview:** Small Talk
2. **Ein Bild (Foto, Cartoon) beschreiben:** zusammenhängend sprechen
3. **Über ein Thema diskutieren:** Gruppengespräch

Prüfungsteil	Mögliche Themen und Inhalte	Übungshinweise
PT 1: Dialogisches Sprechen / Interview	– Fragen beantworten zu Person, Familie, Freunden, Freizeit und Hobbys, Wünschen und Hoffnungen	Tipps und Übungen zu diesem Prüfungsteil findest du auf S. 83
PT 2: Zusammenhängendes monologisches Sprechen	– Gesunde Lebensweise, Formen des Zusammenlebens, soziales Engagement, sinnvolle Freizeitgestaltung, Essgewohnheiten, Freundschaft und Liebe usw.	Tipps und Übungen zur Bildbeschreibung findest du auf S. 85
PT 3: Dialogisches Sprechen / Interaktion		Tipps und Übungen zu diesem Prüfungsteil findest du auf S. 87

B 1.3 Brandenburg: Kriterien der Bewertung

Die prüfende Lehrkraft und die/der Protokollierende nehmen unmittelbar nach der Prüfung die Bewertung deiner Sprechleistung vor. Dabei stehen vier Bewertungskriterien im Mittelpunkt, die gleichwertig in die Endbeurteilung deiner Leistung einfließen:
- die kommunikative Kompetenz,
- der Gesprächsbeitrag,
- Grammatik und Wortschatz, und
- die Aussprache.

Kommunikative Kompetenz	**Gesprächsbeitrag**	**Grammatik und Wortschatz**	**Aussprache**
– Gelingt es dir, Gespräche zu eröffnen, fortzuführen und zu beenden? – Sprichst du verständlich und in vollständigen Sätzen? – Stellst du verständliche Fragen und gehst auf die Äußerungen deines Gegenübers ein?	– Kannst du deine Gedanken sinnvoll strukturieren und ausdrücken? – Sprichst du zum Thema? – Gehst du auf deine/-n Partner/-in ein?	– Gelingt es dir, grammatische Strukturen möglichst fehlerfrei zu verwenden (z. B. bei der Fragebildung und den Zeitformen)? – Verfügst du über einen Wortschatz, der es dir ermöglicht, viele Themen spontan und verständlich zu diskutieren?	– Sind deine Aussprache und Intonation so gut, dass man dich problemlos versteht? – Sprichst du flüssig?

B 1.4 Brandenburg: Tipps zur Vorbereitung der mündlichen Prüfung

Du weißt bereits, dass es sich um eine Gruppenprüfung handelt. Es ist daher sinnvoll, sich gemeinsam auf diese Prüfung langfristig vorzubereiten. Am besten sind natürlich Mitschüler/-innen, mit denen du vielleicht die Prüfung gemeinsam ablegen wirst. An manchen Schulen sind die Prüfungsgruppen bekannt.
Das folgende Kapitel bietet dir wertvolle **Hinweise zur Vorbereitung** auf die einzelnen Prüfungsteile. Du findest außerdem **Strategien** für eine erfolgreiche Kommunikation, die du auch nach der Prüfung noch gewinnbringend anwenden kannst.

B 2 Brandenburg: Tipps, Strategien und Übungen zur Vorbereitung

In den folgenden Ausführungen findest du konkrete Tipps und Übungsvorschläge zur gezielten Vorbereitung auf die einzelnen Teile der mündlichen Prüfung. Außerdem werden dir nützliche Redemittel vorgestellt. Da die Prüfung zur mündlichen Sprechfertigkeit eine Gruppenprüfung ist, solltest du dir zur Vorbereitung Freundinnen und Freunde suchen, mit denen du gemeinsam üben kannst.

B 2.1 Brandenburg: Prüfungsteil 1 – Kontakt aufnehmen

In diesem Prüfungsteil werden dir und deinen Gruppenmitgliedern abwechselnd Fragen gestellt, z. B.
- *What's your name?*
- *How old are you?*
- *Where do you live?*
- *Do you have any (brothers, sisters, pets, …)?*
- *What are your favourite (books, sports, free time activities, subjects at school, …)?*
- *Do you like (reading books/magazines, listening to music, …)?*
- *How long have you been living in …?*
- *What are your plans for (the weekend, your next holidays, …)?*
- *How did you get to school today?*

a) Ideen sammeln und strukturieren
Da sich diese Fragen auf bestimmte Themenkomplexe (*topics*) beziehen, lohnt es sich in Vorbereitung thematische **Mindmaps** oder **Ideensammlungen** anzufertigen, z. B. zu diesen Themen:

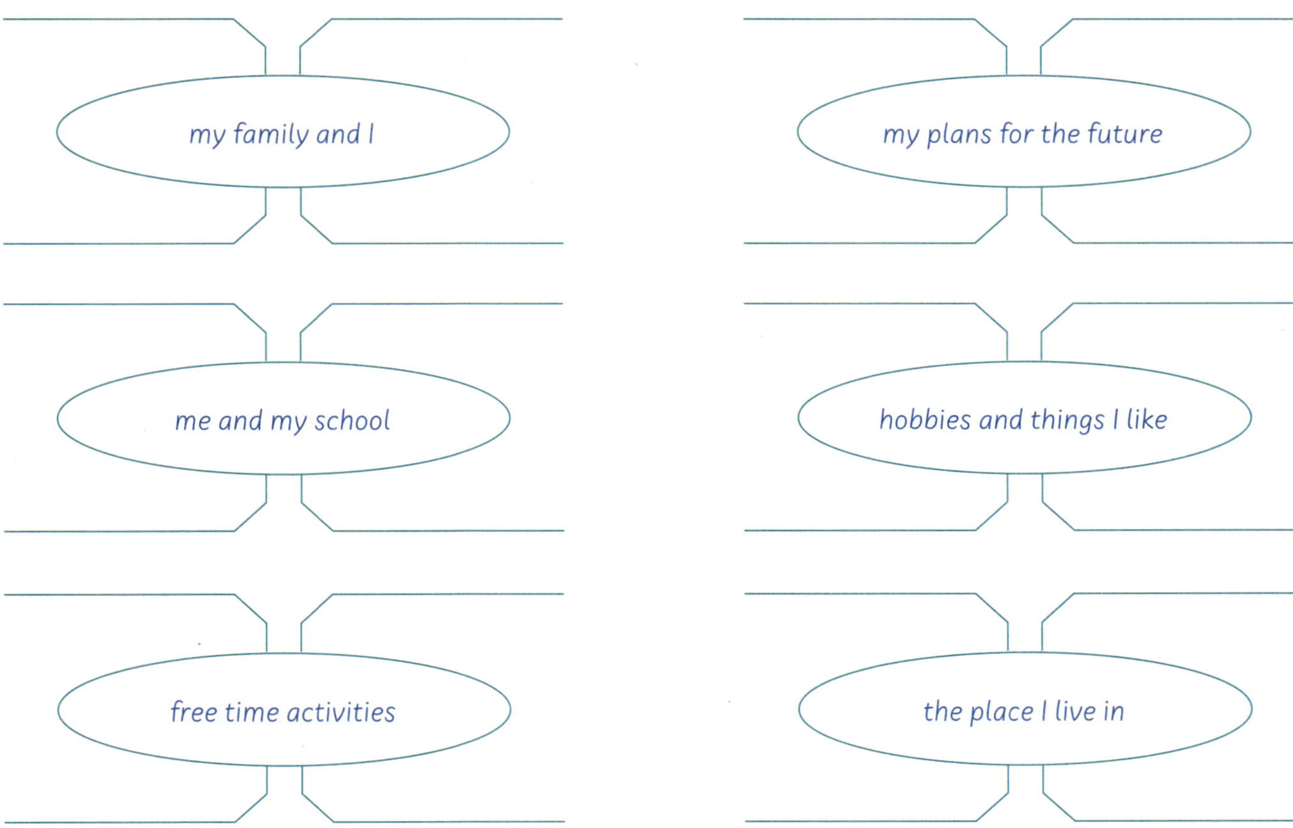

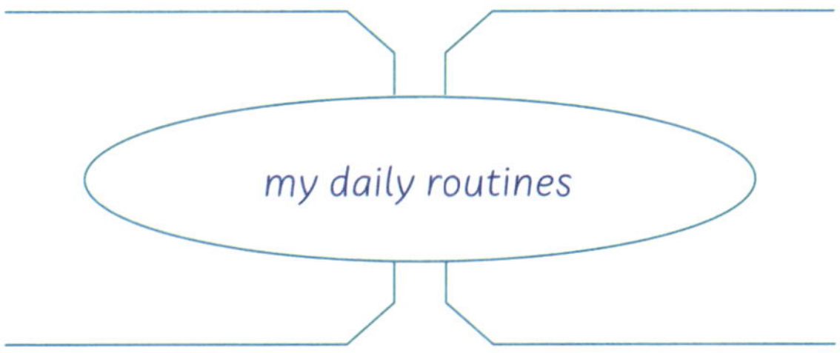

TIPP zur Vorbereitung

Das Anlegen dieser Themenlisten bzw. Mindmaps, das damit verbundene Nachdenken über mögliche Inhalte und das Nachschlagen von persönlich bedeutsamen Vokabeln ist eine ideale Vorbereitung auf den ersten Prüfungsteil. Es gibt dir etwas „zum Anfassen“ und damit Struktur und Sicherheit.

b) Redemittel üben

Sieh dir die folgende Tabelle an. In der linken Spalte findest du Fragen, die möglicherweise im ersten Teil der mündlichen Prüfung gestellt werden. Lies die Antwortmöglichkeiten auf der rechten Seite durch und ordne den Fragen jeweils eine passende Antwort zu. Du hast mehr Antworten als du brauchst.

Questions		**Answers**	
1	When do you normally get up in the morning?	a	I was at the Baltic Sea with friends.
2	How do you usually get to school? How long does it take you to get to school?	b	Usually I go out with friends on Saturdays and sleep in on Sundays.
3	What do you usually do at weekends?	c	I practised with a partner in class and looked at my lesson notes.
4	What did you do last summer?	d	No, I don't. I think they are all unsafe.
5	What are your plans for next year?	e	Yes, I am. I watch a lot of football and I run every day.
6	What's your favourite subject?	f	Yes, I have a younger sister. Her name is Anne.
7	Are you using any social networking sites?	g	During the week I get up at 6 a.m.
8	How much time a day do you spend in front of the TV?	h	In winter I go by bus and in summer I cycle. I usually need twenty to thirty minutes.
9	Are you interested in sports?	i	I'm hoping to start an apprenticeship as a car mechanic.
10	How did you prepare for this exam?	j	My father works as a cook in a hospital.
		k	I like physics and maths best.
		l	I'm not sure. It depends what's on. Sometimes an hour a day, sometimes more.

Lösungen für Questions and Answers:

Trage den Buchstaben für die von dir gewählte Antwort ein.

question	1	2	3	4	5	6	7	8	9	10
answer										

Hier kannst du deine persönlichen Antworten zu den Fragen notieren:

1 ______________________________

2 ______________________________

3 ______________________________

4 ______________________________

5 ______________________________

6 ______________________________

7 ______________________________

8 ______________________________

9 ______________________________

10 ______________________________

c) Spielerische Aktivitäten zur Vorbereitung

1. **Frage-Antwort-Spiel:** Schreibt diese und ähnliche Fragen auf kleine Karteikärtchen und legt sie auf einen Stapel vor euch. Abwechselnd zieht jeder von euch eine Karte und stellt sie den anderen vor. Fahrt fort, bis der Kartenstapel leer ist.
2. **Memory:** Bereitet zu jeder Frage auch ein Antwortkärtchen vor. Mischt alle Karten und legt sie verdeckt vor euch hin. Abwechselnd deckt nun jeder zwei Kärtchen auf. Ergeben diese ein Frage-Antwort-Paar, gehören die Karten euch.
3. **Domino:** Bereitet ein Domino-Spiel mit Fragen und dazu passenden Antworten vor. Spielt anschließend nach den Regeln eines herkömmlichen Dominos.
4. **Stopp die Zeit!:** Abwechselnd erhaltet ihr die Gelegenheit, so viele Sätze und Informationen über euch mitzuteilen wie möglich. Dabei wird die Zeit gestoppt. Gewonnen hat, wer am längsten zusammenhängend über sich sprechen konnte. Dieses Spiel auf Zeit könnt ihr natürlich endlos wiederholen – allein oder in der Gruppe.

B 2.2 Brandenburg: Prüfungsteil 2 – Bildbeschreibung / Monologisches Sprechen

Im zweiten Prüfungsteil erhaltet ihr nacheinander einen visuellen Impuls (z. B. eine Zeichnung, ein Foto oder einen Cartoon) zu einem gemeinsamen Thema. Hier wird von dir erwartet, dass du zunächst das Bild beschreibst und dich zu der dargestellten Thematik möglichst ausführlich äußerst.

a) Schrittfolge und Redemittel

Die nachfolgende Schrittfolge wird dir helfen, in diesem Prüfungsteil ruhig und strukturiert vorzugehen.

Schritt 1:	Schau dir das Bild in Ruhe an.
Schritt 2:	Welche Situation wird dargestellt? – Zeigt es eine Straßen- oder Restaurantszene? – Werden junge Leute am Strand oder Menschen am Arbeitsplatz dargestellt? Nützliche Redemittel zur Beantwortung der Fragen: – *This picture shows ...* – *This is a picture of ...* – *In this picture I can see ...*

Schritt 3:	Was befindet sich im Mittelpunkt des Bildes? – Personen oder zentrale Gegenstände? – Wo befinden sie sich? Redemittel: – *In the foreground/middle/centre of the picture there is/are ... / I can see ...* – *(S)he is walking along ... / sitting inside ... / working at ...* (ACHTUNG: Handlungen von Personen werden in Bildbeschreibungen mit der Verlaufsform der Gegenwart – dem *present progressive* – ausgedrückt!)
Schritt 4:	Was tun die Menschen gerade? Wer mögen sie sein? Wie fühlen sie sich? Redemittel: – *(S)he is reading ... / talking to ... / playing with ...* – *They're having a meal. / ... sunbathing in the sea. / ... writing a letter.* – *This person (on the left/right) seems to be a lifeguard.* – *The old man is probably a tourist.* – *You can tell they are enjoying themselves because ...* – *The old lady looks very happy ... / seems a bit frightened ...*
Schritt 5:	Gibt es andere Dinge, die für die Bildaussage wichtig sind? Beschreibe deren Position bzw. Bedeutung. Redemittel: – *In the background there is/are ...* – *On the left/right I can see ...* – *In the bottom/top left-hand corner ... / In the bottom/top right-hand corner ...* – *At the top/bottom ...* – *There's a ... next to ... / behind ... / in front of ... / opposite ...* – *It's probably the ... because ... / It might be ... because ...*
Schritt 6:	Woran erinnert dich dieses Bild? Was hat es mit dir bzw. deinem Leben zu tun? Welche Bedeutung hat die Thematik für dich? – *The picture/cartoon makes me think of .../reminds me of ...* – *(Un)like the person in the picture/cartoon I ...* – *If I were/saw ... I would .... because ...* – *I personally think (that) ... because ...* – *I (dis)agree with the message because ...* – *It is true that ...*

b) Übung zum Umschreiben

Schreibe die folgenden deutschen Begriffe auf kleine Zettel. Lege den Zettelstapel dann umgedreht vor dich hin und ziehe nacheinander die Begriffe. Versuche sie auf Englisch zu umschreiben. Die Begriffe, die dir gut bzw. sofort gelingen, lege beiseite. Konzentriere dich nun auf die besonders kniffligen Wörter und überlege, wie du sie mit deinen Worten erklären kannst. Übung macht die Meisterin bzw. den Meister!

Schraubenzieher	Steckdose	Stecknadel	Schubkarre
Flaschenöffner	Stricknadel	Kerzenständer	Backpulver
Fahrradschlauch	Gießkanne	Geldbörse	Mülltonne
Verkehrsampel	Hupe	Antenne	Föhn

Du kannst diese Übung auch zu zweit durchführen. Ihr könnt weitere Begriffe aufschreiben oder aus Umschreibungen den gesuchten Begriff erraten.

c) Übungen zur Beschreibung von Bildern oder Cartoons

Bilder (Fotos, Zeichnungen oder Cartoons) zum Beschreiben findest du in jeder Tageszeitung, Zeitschrift oder im Internet.

Gute Bilder …
- sind farbig,
- zeigen Menschen in ihrem Alltag und
- bieten viele Details zum Beschreiben an.

TIPP

Vergiss nicht, …
- in ganzen Sätzen zu sprechen.
- deine Beschreibung zu strukturieren, d. h. mit der dargestellten Situation zu beginnen und danach mit den zentralen Personen/Gegenständen fortzufahren.
- Vermutungen (z. B. über Menschen und deren Gefühle und Stimmungen) anzustellen und zu begründen.
- unwesentliche Details wegzulassen, denn du hast nur etwa eine Minute Zeit.

B 2.3 Brandenburg: Prüfungsteil 3 – Über ein gegebenes Thema diskutieren

In diesem Prüfungsteil wirst du aufgefordert, eine Diskussion zu einem vorgegebenen Alltagsthema zu führen. Dieses Thema schließt inhaltlich an die von euch beschriebenen Bilder im Prüfungsteil 3 an. Wenn du also im zweiten Prüfungsteil siehst, dass eure Bilder z. B. Menschen bei sportlichen Aktivitäten zeigen, kannst du davon ausgehen, dass ihr im dritten Prüfungsteil die Aufgabe erhalten werdet, ein Gespräch zum Thema Sport und Fitness zu führen.

Folgende Themen (*topics*) könnten dir in diesem Prüfungsteil begegnen:
- *The importance of sports and personal fitness*
- *Free time and weekend activities*
- *What makes the perfect holiday?*
- *Eating habits and a healthy diet*
- *Information technology in your life*
- *City life or country life?*
- *How to save the environment*
- *Summer or winter – what's your season?*
- *Important relationships in your life*
- *Fashion, appearance, style*
- *The impact of media*

Auch hier bietet es sich an, eine **Ideensammlung** zu verschiedenen Themen anzulegen: Was kannst du zu den einzelnen Themen sagen, welche Meinung vertrittst du zu Themen wie „gesunde Ernährung“ oder „sinnvolle Freizeitgestaltung“?

TIPP

Lege zu den einzelnen Problemstellungen jeweils eine Karteikarte an, auf der du deine Meinung formulierst und gute Argumente notierst. Du wirst schnell merken, dass sich bestimmte Redewendungen häufig wiederholen. Diese Wiederholungen prägen sich natürlich schnell ein.

Es geht also darum, die eigene Meinung auszudrücken sowie Argumente zu entwickeln und zu begründen. Viele der dazu notwendigen Redemittel findest du bereits im Kapitel B 1.2 a) und b)
Die folgende **Übersicht** zeigt dir noch einmal, wie du deine eigene Meinung ausdrücken kannst.

a) Redemittel zur Meinungsäußerung

I think/feel/believe ...

In my opinion ...

As I see it ...

In my view ...

It seems to me that ...

My point of view is that ...

b) Argumentieren
Es reicht natürlich nicht, nur die eigene Meinung zu sagen. Du solltest dich immer bemühen, auch Gründe und Argumente aufzuzählen, die dich zu deiner Überzeugung veranlassen. Da es für viele Problemstellungen zwei Seiten (pro und kontra) gibt, bietet es sich an, eine zweispaltige Tabelle anzulegen, wie z. B. die folgende zum Thema „City or country life? What do you prefer?“

City life	Country life
– entertainment – short distances – shopping (facilities) – ...	– healthy lifestyle – close relationships – close to nature (lakes, ...) – ...

c) Fragen stellen
Ihr seid natürlich nicht nur aufgefordert, eure Meinung zum Thema zu vertreten und über euch zu berichten, sondern auch, euch gegenseitig zu befragen. Somit könnt ihr die Richtung des Gesprächs durch eure Fragen aktiv mitbestimmen. Es ist deshalb sinnvoll, sich im Vorfeld auch mögliche Fragen zu den einzelnen Themen zu überlegen und diese zu formulieren. Dabei lassen sich einige Fragestrukturen auf viele Themen übertragen, z. B.
- *What's your favourite ... ?*
- *What do you think about ... ?*
- *Why don't (do) you like ... ?*
- *What kind of .... do you (have/like/hate ...) ?*
- *How often do you ... ?*
- *Do you prefer ... or ... ?*
- *Have you ever ... ?*

Wenn ihr diese drei Aspekte a) bis c) auf eurer Ideensammlung schriftlich notiert, könnt ihr sprachlich gut vorbereitet in eine Partnerübungsphase gehen. Hier bietet es sich an, Problemstellungen auf kleine Zettel zu schreiben, diese verdeckt auf den Tisch zu legen und nacheinander umzudrehen. Die daraus entstehenden Diskussionen werden zunächst noch kurz und holprig verlaufen, ihr übt dadurch aber die Gesprächsführung. Am Ende werden die Gespräche zu Routine und vermitteln Spaß an der Diskussion.

B 3 Speaking Test / Oral Exam:
Beispiele zur Überprüfung der mündlichen Sprechfertigkeit

In diesem Teil findest du drei vollständige Prüfungsbeispiele, die dem Muster der mündlichen Prüfung in **Berlin** folgen. Sie verdeutlichen dir noch einmal den Ablauf der mündlichen Prüfung und geben euch die Möglichkeit, die Prüfungssituation nachzugestalten und durch wiederholte Übung mehr Sicherheit zu gewinnen. Wenn du die Prüfung in **Brandenburg** ablegst, schau dir die Seiten 83–88 noch einmal an. Dann kannst du sehen, wie die Prüfung dort abläuft.

B 3.1 Speaking Test 1

Part 1: Warming Up
Your teacher might say:

Good morning. Please come in and take a seat for your oral exam. I am going to ask you some questions and give you some tasks. Ms/Mr X is here to listen to us and take notes.

<table>
<tr><th></th><th>CANDIDATE A</th><th>CANDIDATE B</th></tr>
<tr><td rowspan="13">Answer your teacher's questions.</td><td>What is your name/surname? ... Can you spell that for me, please?</td><td></td></tr>
<tr><td></td><td>And what about you? ... Can you spell your name too, please?</td></tr>
<tr><td></td><td>How did you get to school today?</td></tr>
<tr><td>And what about you? (How did you get here?)</td><td></td></tr>
<tr><td>What do you usually do at weekends?</td><td>And what about you?</td></tr>
<tr><td></td><td>Are you interested in sports? Which?</td></tr>
<tr><td>And what's your favourite sport?</td><td></td></tr>
<tr><td>How often do you train/watch/do this sport?</td><td></td></tr>
<tr><td></td><td>And you? How often do you do sports?</td></tr>
<tr><td></td><td>What are your plans for this summer?</td></tr>
<tr><td>And what about you? What are your plans for the summer?</td><td></td></tr>
<tr><td colspan="2">Thank you very much. That is the end of part one.</td></tr>
</table>

Part 2: Agreeing and Disagreeing

Your teacher:

I'm going to describe a situation to you: Your friend has moved into a new home. Now he/she has invited you to a flat-warming party. You would like to take him/her a present. Look at the ideas in the picture below and discuss them with your partner. Together you must decide on the best present for your friend.

Part 3: Describing a Picture

Your teacher:

Now I'm going to give each of you a picture.

Picture for Candidate A:

Candidate A – this is your picture. Please show it to your partner (Candidate B) and talk about it (alone).

Candidate B – you just listen to your partner.

Picture for Candidate B:

Here is your picture, Candidate B. Please, look at it, show it to your partner (Candidate A) and talk about it.

Candidate A – you just listen to your partner now.

Part 4: Discussing a Topic

Your teacher:

You both had photographs which showed people using a computer or a mobile phone. Now I'd like you to talk together about electronic media/gadgets today. How important are they to you? How often do you use computers, mobile phones or other gadgets? What for? What are the advantages or, maybe, dangers of modern electronic media?

B 3.2 Speaking Test 2

Part 1: Warming Up

Your teacher might say:

Good morning. Please come in and take a seat for your oral exam. I am going to ask you some questions and give you some tasks. Ms/Mr X is here to listen to us and take notes.

<table>
<tr><th></th><th>CANDIDATE A</th><th>CANDIDATE B</th></tr>
<tr><td rowspan="14">Answer your teacher's questions.</td><td>Where do you live?</td><td></td></tr>
<tr><td></td><td>And you? Where do you live?</td></tr>
<tr><td></td><td>When do you usually get up in the morning?</td></tr>
<tr><td>And what about you? When do you normally get up?</td><td></td></tr>
<tr><td></td><td>Do you have any brothers or sisters? What are their names? (Can you spell your sister's/brother's name?)</td></tr>
<tr><td>Do you have any brothers or sisters? What are their names? Can you spell that, please?</td><td></td></tr>
<tr><td>What did you do last night?</td><td></td></tr>
<tr><td></td><td>And you? (What did you do?)</td></tr>
<tr><td></td><td>Do you have a favourite TV programme? Which?</td></tr>
<tr><td>And what about you?</td><td></td></tr>
<tr><td></td><td>What are your plans for next year?</td></tr>
<tr><td>And what are yours?</td><td></td></tr>
<tr><td colspan="2">Thank you very much. That is the end of part one.</td></tr>
</table>

Part 2: Agreeing and Disagreeing

Your teacher:

I'm going to describe a situation to you: Summer is coming and you are feeling really tired and unfit. Too much sitting and exam stress. So you want to do more sports or something to get fit and into shape again. Look at the ideas in the picture below and discuss them with your partner. What is the best way to get fit again in your opinion?

Part 3: Describing a Picture
Your teacher:
Now I'm going to give each of you a picture.

Picture for Candidate A:

Candidate A – this is your picture. Please show it to your partner (Candidate B) and talk about it (alone).

Candidate B – you just listen to your partner.

Picture for Candidate B:

Here is your picture, Candidate B. Please, look at it, show it to your partner (Candidate A) and talk about it.

Candidate A – you just listen to your partner now.

Part 4: Discussing a Topic
Your teacher:

You both had photographs which showed people spending their free time in different ways. Now I'd like you to talk together about your free-time activities. What do you like or hate doing? Who do you spend your free time with? What about weekends? How important is going out to you? Is money an important factor in your free time?

B 3.3 Speaking Test 3

Part 1: Warming Up

Your teacher might say:

Good morning. Please come in and take a seat for your oral exam. I am going to ask you some questions and give you some tasks. Ms/Mr X is here to listen to us and take notes.

<table>
<tr><th></th><th>CANDIDATE A</th><th>CANDIDATE B</th></tr>
<tr><td rowspan="14">Answer your teacher's questions.</td><td>What's your surname? Can you spell that, please?</td><td></td></tr>
<tr><td></td><td>And you? What's your surname? How do you spell that?</td></tr>
<tr><td></td><td>How did you get to school today?</td></tr>
<tr><td>And what about you? How did you get to school today?</td><td></td></tr>
<tr><td></td><td>What do you do in your free time?</td></tr>
<tr><td>And you? What do you do in your free time?</td><td></td></tr>
<tr><td>What did you do last weekend?</td><td></td></tr>
<tr><td></td><td>And you? (What did you do?)</td></tr>
<tr><td></td><td>Do you have a pet? What kind?</td></tr>
<tr><td>And what about you?</td><td></td></tr>
<tr><td></td><td>What are your favourite subjects at school?</td></tr>
<tr><td>And what are yours?</td><td></td></tr>
<tr><td colspan="2">Thank you very much. That is the end of part one.</td></tr>
</table>

Part 2: Agreeing and Disagreeing

Your teacher:

I'm going to describe a situation to you: You and some of your friends are going to go camping in Italy for two weeks in the summer holidays. In the picture you can see what types of activities you can do there. Talk about the activities saying what kinds of clothes or equipment you will have to take. Also, say which activities you would like to do.

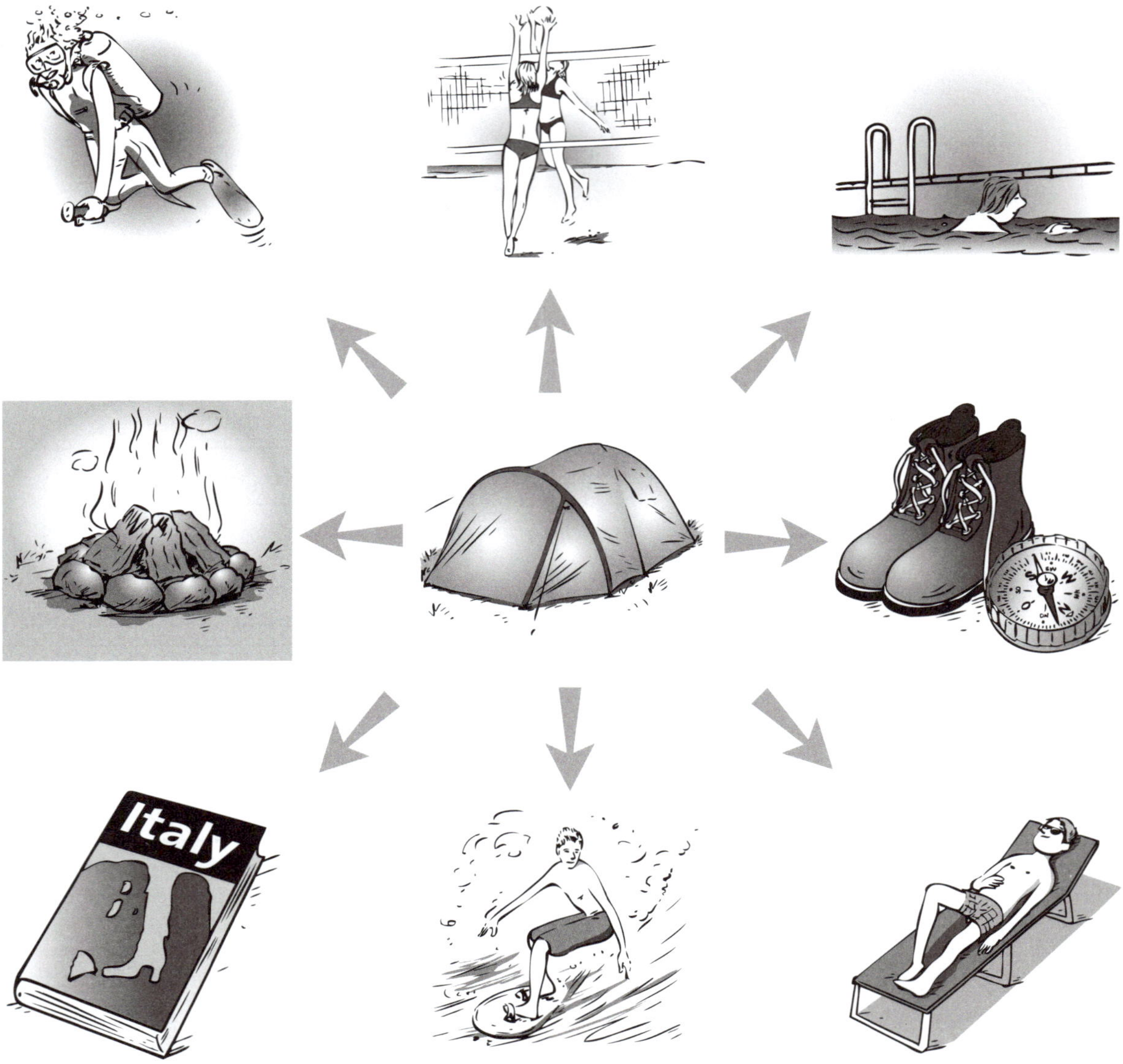

Part 3: Describing a Picture
Your teacher:
Now I'm going to give each of you a picture.

Picture for Candidate A:

Candidate A – this is your picture. Please show it to your partner (Candidate B) and talk about it (alone).

Candidate B – you just listen to your partner.

Picture for Candidate B:

Here is your picture, Candidate B. Please, look at it, show it to your partner (Candidate A) and talk about it.

Candidate A – you just listen to your partner now.

Part 4: Discussing a Topic
Your teacher:

You both had photographs which showed people having their meals in different ways. Now I'd like you to talk together about your eating habits. What is your favourite food or meal? What makes a healthy meal? What about fast food? How important is eating out to you? How can teenagers improve their eating habits?

B 4 Redemittel und Wendungen zur Gesprächsführung: A survival bag of phrases for your oral exam

1) Expressing an opinion

"I think that ..."

I think/feel/believe ...
In my opinion ...
As I see it ...
In my view ...
It seems to me that ...
My point of view is that ...
I'm sure/convinced that ...

2) Asking for an opinion

"I want to find out what my partner thinks."

What do you think about ... (this)?
What's your opinion about ... (this)?
How do you feel about ... (this)?
What do you think?
Do you have any ideas?
What about you?

3) If you didn't understand your partner

"I don't understand what my partner said/means."

Sorry, I didn't quite understand/get that.
Pardon?
Could you say that again, please?
Could you repeat that, please?
What exactly do you mean?
Do you mean ...?
Could you explain that again, please?
Sorry, what was your question?

4) Making suggestions

"I have an idea."

What about ...?
Let's ...
I think ... would be a great idea because ...
Shouldn't we ...?
In my opinion we should ...
Why don't we ...?
I'd suggest we should ...
The best thing would be to ...

5) Agreeing

"My partner is right."

Great idea.
Brilliant. Let's do that.
I (absolutely) agree with you.
You're right.
Of course. I think so too.

6) Disagreeing

"I think my partner is wrong."

Good idea, but ...
Maybe, but I'd prefer ...
I think ... would be better.
I'm not sure this is such a good idea.
I can see your point, but I think ...
No, I can't agree with you.
Sorry, but I have to disagree with you.
I think you're wrong because ...

7) Showing interest in what your partner is saying

"That's interesting."

Really?
I didn't know that.
I see ...
That's interesting/fascinating/amazing.
That sounds good/interesting.

8) How to buy yourself time (to think) in a conversation

"I need more time to think of an answer."

That's a good/difficult question ...
I've never thought about this before ...
I'm not sure ...
Let me think for a second ...
It depends ... / Well ...

Teil C Schreiben/Mediation

C 1 Vorbereitung: Let's get ready for the class test!

C 1.1 Vorbemerkungen

Im März 2021 hat die Berliner Senatsverwaltung für Bildung, Jugend und Familie pandemiebedingt Änderungen in den Prüfungsinhalten zum eBBR/MSA vorgenommen. Diese gelten voraussichtlich nur für die Schuljahre 2021/22 und 2022/23. Das heißt, im schriftlichen Teil der Prüfung zum eBBR/MSA werden nach jetzigem Stand in diesen beiden Jahren nur die rezeptiven Kompetenzbereiche Hören und Lesen überprüft; auf den Prüfungsteil Schreiben/Sprachmittlung wird verzichtet.
Allerdings wurde dies unter der Voraussetzung beschlossen, dass die Kompetenzbereiche Schreiben und Sprachmittlung auch weiterhin im Fokus des Unterrichts stehen und den Schwerpunkt der Klassenarbeiten bilden, die du zusätzlich zur schriftlichen Prüfung im Verlauf des Schuljahres schreibst.

Daher haben wir dir im Teil C dieses Bandes eine Auswahl an bisher typischen Aufgabenformaten zum Schreiben und zur Sprachmittlung bereitgestellt. Diese können dir helfen, dich optimal auf Klassenarbeiten vorzubereiten und deine Fähigkeiten in diesen Bereichen zu üben und zu verbessern.

INFO zu den Schreibaufgaben

Zur Überprüfung deiner Schreibfertigkeit werden dir in der Regel drei Aufgaben gestellt:
1. Schreiben eines Beitrags in einem Online-Chatroom;
2. Antwort auf einen Online-Forumsbeitrag;
3. sinngemäßes Übertragen von Informationen ins Englische.

C 1.2 Schreiben

Die Schreibaufgaben der Prüfungen umfassen normalerweise verschiedene Textsorten und haben damit verbunden spezifische Anforderungen. Es wird zum Beispiel von dir erwartet, dass du in einem Onlineforum ein Bild kommentierst bzw. einen kurzen Text dazu schreibst oder auf einen Forumsbeitrag bzw. eine E-Mail adressatengerecht, fremdsprachlich korrekt und angemessen antwortest.

Was erwartet dich?
In der **ersten Schreibaufgabe** werden dir Fragen zu einem von dir geposteten Foto gestellt. Dieses Foto hast du im Online-Chatroom veröffentlicht und musst dazu nun einen kurzen, sinnvollen Text schreiben.
In der **zweiten Schreibaufgabe** wird dir eine **E-Mail** beziehungsweise ein **Brief** einer/eines Gleichaltrigen präsentiert, den du zunächst lesen und verstehen musst. Deine Aufgabe besteht anschließend darin, auf die in der E-Mail gestellten Fragen ausführlich und sprachlich angemessen zu reagieren. In diesem Brief geht es in der Regel um ein kontroverses/streitbares Thema, z. B. den Umgang mit Taschengeld, unterhaltsame Freizeitaktivitäten oder sinnvolle Bemühungen gegen den Klimawandel.

Schreibtechniken kennen
a) Schreibaufgabe 1: Informationen zu einem Foto geben
Bevor du die Fragen des Chatmitglieds zu deinem Foto beantwortest, solltest du diese Schrittfolge einhalten:
1. Schau dir das Foto in Ruhe an. Stell dir vor, was passiert sein könnte. Lass deiner Fantasie freien Lauf!
2. Notiere dir nun die Fragen zum Foto auf einem Extrablatt.
3. Sammle Ideen und mache dir Notizen zu jeder Frage. So vergisst du nichts.
4. Die Notizen und Ideen helfen dir später, einen zusammenhängenden Text zu schreiben.

b) Schreibaufgabe 2: Auf einen Forumsbeitrag / eine E-Mail antworten
Vor dem Schreiben:
Auch hier sollst du auf Fragen aus einem Forumsbeitrag antworten. Deshalb ist es günstig, die Aufgabenstellung in den folgenden kleinen Schritten zu erledigen:
1. Lies den Forumsbeitrag zunächst sorgfältig durch.
2. Markiere das Thema. Häufig wird nur ein Thema behandelt.
3. Wichtig: Unterstreiche alle im Text gestellten Fragen. Denk daran, dass du in deiner **Antwort** möglichst alle Fragen ausführlich beantworten musst.
4. Nummeriere die Fragen und mache dir zunächst zu jeder Frage auf einem Extrablatt Notizen. Diese Notizen kannst du später ausformulieren.

Es ist immer sinnvoll, vor dem Schreiben Ideen zu sammeln. Diesen Schritt nennt man **Brainstorming**.

INFO zum Brainstorming

Beim Brainstorming schreibst du zuerst einmal alle spontanen Ideen und Einfälle zu einem Thema oder einer Fragestellung ungeordnet auf. Später sichtest und strukturierst du diese Ideen, als
- **Mindmap** (Das Thema wird dabei in die Mitte geschrieben, von dem Oberbegriffe oder Unterthemen abzweigen. An jeden Ast kannst du dann passende weitere Ideen schreiben.) oder als
- **Prioritätenliste** (Sichte deine Ideen oder Argumente und schreibe sie je nach persönlicher Gewichtung untereinander. Beginne mit der dir wichtigsten Idee.).

Gliedern – die Struktur guter Texte
Komplexere Texte, dazu gehören auch Briefe oder E-Mails, erkennt man an den folgenden **drei Abschnitten**. Nutze Absätze, um den Text zu strukturieren.
1. **Einleitung**
   (Bedanke dich für den Erhalt der E-Mail oder gehe knapp auf das allgemeine Thema ein, bevor du deine Antwort einleitest.)
2. **Hauptteil**
   (Hier schreibst du über dich, deine Erfahrungen bzw. deine Meinung. Du beantwortest dabei die Fragen, die dir gestellt wurden.)
3. **Schlussteil**
   (Fasse deine Ausführungen sinnvoll zusammen und/oder formuliere abschließende Fragen an dein Gegenüber. Verabschiede dich.)

INFO Redemittel – E-Mail/Brief (informell)

Anrede/Begrüßung: *Hello/Hi/Dear ...*
Einleitungssatz: *Thank you (so much) for your email/letter. / Great to hear from you. / I'd love to ...*
Abschluss/Verabschiedung: *Say hello to ...(name) / Hope to hear from you soon. / Looking forward to hearing from you.*
Grußformel: *Yours/Love ...*
Benutze beim Schreiben deines Textes keine Abkürzungen *(text language abbreviations)* wie „u" *(„you")*, „2" *(„to")* oder „coz" *(„because")*. Außerdem solltest du unbedingt auch Kurzformen wie „wanna" *(„want to")* oder „gonna" *(„going to")* vermeiden.

Nach dem Schreiben
Nimm dir nach Fertigstellung deines Textes unbedingt die Zeit, das Geschriebene noch einmal in Ruhe durchzulesen und zu korrigieren.
1. Ist der Text vollständig? Hast du alle erforderlichen Informationen eingefügt?
2. Findest du eventuell noch Rechtschreib- oder Grammatikfehler?

C 1.3 Mediation

Mediation bedeutet Sprachmittlung. Die Mediationsaufgabe in der schriftlichen Prüfungsarbeit testet deine Fähigkeit ab, wichtige Informationen aus deutschen Texten ins Englische zu übertragen. Das ist keine reine Übersetzungsaufgabe. Es geht vielmehr darum, für die Aufgabenstellung wesentliche Aspekte zu erkennen und dann sinngemäß ins Englische zu übertragen.

CHECKLISTE zum Verfassen eines Forum-Beitrags / einer E-Mail

1. ☑ Ausgangstext lesen und Fragestellungen markieren/hervorheben
2. ☑ Brainstorming: Ideen sammeln und sortieren
3. ☑ Schreiben: Redemittel beachten, mit Absätzen strukturieren
4. ☑ Inhalt und Sprache überprüfen

Was erwartet dich?

Du erhältst zwei Ausgangstexte (z. B. Biografien, Erfahrungsberichte, Ausflugstipps etc.) in deutscher Sprache. Deine Aufgabe besteht darin, entsprechend der Aufgabenstellung einen Text für den gegebenen Anlass auszuwählen und Schlüsselinformationen in der Fremdsprache zu formulieren. Die Aufgabenstellung gibt dir Anhaltspunkte, welche und wie viele Informationen du zu welchem Zweck übertragen musst. Dabei sollst du eine E-Mail schreiben.

Um diese Aufgabe erfolgreich zu lösen, bietet es sich an, die folgende **Schrittfolge** einzuhalten:

1. Lies die Aufgabenstellung genau. Unterstreiche bzw. markiere die Informationen, die du konkret weitergeben musst.
2. Wenn nötig, mache dir zuerst Notizen auf einem Schmierzettel, bevor du die Aufgabe schriftlich ausarbeitest.

TIPPS zur Sprachmittlung

- Übersetze nicht Wort für Wort!
- Konzentriere dich auf das Wesentliche und lass unwichtige Einzelheiten weg.
- Formuliere kurze und einfache Sätze.
- Umschreibe Wörter, die du nicht kennst oder die dir (vor Aufregung) nicht einfallen.

Strategien zum Umschreiben von Wörtern

Es gibt verschiedene Möglichkeiten, Wörter zu umschreiben, die einem während der Prüfung nicht einfallen. Wenn du in diese Situation kommst, versuche es doch einmal so:

- Paraphrasiere das Wort, d. h., umschreibe es mit einem Wort, das dieselbe oder eine ähnliche Bedeutung hat. (z. B. „winzig“ = *tiny* = ***very small***)
- Versuche es mit dem Gegenteil. (z.B. „hell“ = *bright* = ***not dark***)
- Umschreibe das Wort mit einer Wortgruppe. (z. B. „Geldbörse“ = *purse/wallet* = ***a small bag for your money***)
- Umschreibe mithilfe von Ober- bzw. Unterbegriffen. (z. B. „Besteck“ = *cutlery* = ***knives, forks and spoons***)
- Umschreibe den Begriff mit Relativsätzen, z. B.
  - *It is an animal that ...*
  - *It is something you need/use for ...*
  - *It is someone who ...*
  - *It is a place where ...*

C 2 Angeleiteter Test 1

Writing Part 1: Your Photo

AUFGABEN

You have posted this photo online. Your friend Paul wants to find out more about it.

- React to the comment and answer his questions.
- Write 40–50 words.

Wow! Who's in the picture?
Where was it taken?
What's happening and
how did it feel?

/ 5 P.

LÖSUNGSHILFEN

Hier wirst du aufgefordert, anhand von Fragen einen zusammenhängenden Text bzw. Kommentar zu einem Foto zu formulieren. Vielleicht werden dir in der Prüfung mehrere Fotos zur Auswahl angeboten. Dann solltest du dich natürlich für das Bild entscheiden, zu dem dir inhaltlich und sprachlich am meisten einfällt. Du sollst dir vorstellen, du selbst hättest das Bild in sozialen Netzwerken gepostet. Du kannst also deine Fantasie nutzen und persönliche Ideen einbringen. Mache dir zu jeder Frage zunächst Notizen auf einem Extrablatt und formuliere sie anschließend aus.

TIPP (zu Writing Part 1)

Nutze bekannte Redemittel zur Bildbeschreibung (s. S. 76–77) und beachte die in den Fragen verwendeten Zeitformen und Wörter. Du kannst sie auch in deinen Antworten nutzen.

Writing Part 2: Getting Fit

AUFGABEN

You have found this message posted on the internet.

- Write a letter to Tracy and answer her questions.
- Write between 100–160 words.
- Do not use internet slang.

Help!
The summer is almost here and I'm feeling really bad. I've spent the last three months sitting at home and preparing for my exams and now I'm feeling fat and unfit! My friends and family think I look normal but ... I can't even run for the bus without getting out of breath! So what can I do to feel better? Should I go on a diet? Perhaps I should try some of these magic fat-burning pills. Do you think that might work? Should I do some regular exercise? What do you do to keep fit? I'm looking forward to reading your advice. Thanks. Tracy

Hi Tracy,

how are you? Good to hear from you! I know the feeling. It's okay and is not bad. You could do some sport. You could go jogging in the woods. You could also go swimming. It's good for your whole body. You could

Inhalt: / 5 P.	Sprache: / 5 P.	Gesamt: / 10 P.

INFO Punktverteilung Writing

Es kann sein, dass in deiner Prüfung die Punkte für *Writing* anders verteilt werden. Insgesamt wird es aber weiterhin 25 Punkte geben.

LÖSUNGSHILFEN

Diese Aufgabe erfordert, einen längeren zusammenhängenden Antworttext zu schreiben.
Die folgende Schrittfolge soll dir dein Vorgehen erleichtern:

1. Lies die Aufgabenstellung und markiere, **was** (einen Antworttext) du **wem** (Tracy) in **welchem Umfang** (100–160 Wörter) schreiben sollst.
2. Lies nun Tracys Text durch. Unterstreiche ihre Fragen an dich.
3. Fertige auf einem separaten Blatt eine Ideensammlung zu den fünf Fragen an. Wenn du mindestens zwei bis drei Ideen zur Beantwortung jeder Frage notiert hast, schreibe deine Antwort.
4. Achte auf den Textaufbau (siehe S. 100): Kennzeichne Einleitung, Hauptteil, Abschluss und Grußformel durch Absätze.
5. Lies dir nach Fertigstellung abschließend deine Antwort noch einmal in Ruhe durch. Vielleicht findest du so noch den einen oder anderen Schreibfehler.

* Writing Part 3: Mediation – Options after School

AUFGABEN

You've received this message from an English-speaking friend:

Hi everybody. I'm in my last year at school and have no clue what to do after my exams.
I'd love to do something different and see more of the world. Any ideas welcome. Thanks, Phil.

- Read the two reports you have found online.
- Choose **one** report.
- Write an email to Phil and tell him about it.
- Say what the person you chose did and mention at least four aspects of their experience.
- Do not translate word for word.
- Write complete sentences.

Josephine, Freiwilligendienst in Peru

Mir war am Ende der zehnten Klasse schnell klar, dass ich nach der Schule nicht sofort an die nächste Schule bzw. die Uni wollte. Ich wollte etwas ganz anderes erleben, eine andere Kultur, ein anderes Land. Da ich Spanisch lerne, wollte ich meine Sprachkenntnisse auch gern dort nutzen und verbessern.
Im Internet fand ich ein 3-monatiges Projekt in Cusco, Peru. Nachdem ich Bilder sah und Berichte von anderen Freiwilligen gelesen hatte, war meine Entscheidung gefallen. Jetzt bin ich seit einem Monat hier und sammle täglich fantastische Erfahrungen. Meine Gastfamilie hat mich sehr freundlich aufgenommen. Ich habe ein kleines, gemütliches Zimmer nicht weit von meinem Projektarbeitsplatz.

Das ist ein Kindergarten. Dort arbeite ich von ca. 9–13 Uhr an vier Tagen in der Woche. Ich helfe der Erzieherin, die dort für 16–20 Kinder verantwortlich ist. Meine Aufgaben sind es, mit den Kindern zu spielen, ihnen etwas vorzulesen – auf Spanisch und manchmal sogar auf Englisch – mit ihnen Bilder zu malen und zu basteln. Gerade bereiten wir ein Fest für Eltern und andere Familienmitglieder vor. Das ist sehr kreativ. An meinen freien Tagen reise ich durchs Land und lerne Menschen und Kultur kennen: Ich war sogar schon am Titicacasee in 4.000 m Höhe. Unglaublich! Außerdem mache ich noch einen Spanischkurs und einen Kochkurs. Die peruanische Küche ist fantastisch und ich hoffe, ich kann meine Familie zu Hause damit begeistern. Heimweh ist für mich kein großes Problem. Die drei Monate gehen viel zu schnell vorbei und zum Glück gibt es das Internet.

Ich bin jeden Tag froh über meine Entscheidung für den Freiwilligendienst und werde jetzt schon traurig, wenn ich an mein Abflugdatum denke. Die Erfahrungen hier werden mich auf jeden Fall auf meinem weiteren Lebensweg begleiten.

Felipe, Au-pair aus Spanien

Ich bin 18 und vor drei Monaten aus Spanien nach Deutschland gekommen. Ich wohne bei meiner Gastfamilie in Tempelhof, in Berlin.

Irgendwie kam meine Entscheidung, Au-pair zu werden, ganz plötzlich. Ich war mit der Schule fertig und hatte noch keine Ausbildung. Außerdem wollte ich mehr von der Welt sehen und hatte in der Schule Deutsch gelernt. Also dachte ich – warum nicht Deutschland? Meine Freunde waren überrascht – Au-pair – das ist doch Mädchensache ... Aber warum? Ich habe vier kleine Geschwister zu Hause – dann lernt man schon mit Kindern umzugehen.

Am Anfang war da schon ein bisschen Kulturschock – mein Deutsch war längst nicht so gut, wie ich dachte. Aber wir haben uns zu Hause irgendwie mit Händen und Füßen verständigt. Meine Gastmutter kann zum Glück auch etwas Spanisch. Natürlich habe gleich einen Deutschkurs begonnen und jeden Abend drei Stunden gelernt. Das hat geholfen. Mit meinen Gastkindern komme ich sehr gut klar – zwei Jungen im Alter von 5 und 8. Da ist vielleicht auch ein männlicher Au-pair ganz gut. Wir spielen zusammen, ich hole sie von der Kita oder Schule ab, wir machen Hausaufgaben und ich helfe im Haus beim Aufräumen und Einkaufen. Eigentlich genauso wie in meiner Familie in Spanien. Außerdem habe ich Zeit, Berlin und Deutschland kennen zu lernen. An freien Abenden gehe ich gern ins Theater oder treffe mich mit meinen neuen deutschen Freunden. Letzte Woche waren wir in Dresden, haben die Stadt besichtigt und in zwei Wochen nimmt mich meine Gastfamilie mit an die Ostsee. Nur jetzt im Herbst vermisse ich das Wetter in Spanien.

Ich würde die Au-pair-Tätigkeit definitiv empfehlen – auch für Jungen. Man lernt viel über andere Kulturen und sich selbst, wird unabhängiger, ist aber trotzdem Teil einer Familie.

Inhalt: / 5 P.	Sprache: / 5 P.	**Gesamt: / 10 P.**

LÖSUNGSHILFEN

Bei der Lösung dieser Mediationsaufgabe helfen dir die folgenden Schritte:

1. Lies die Aufgabenstellung genau durch und markiere dir:
   Zu welchem Zweck **(warum?)** sollst du Informationen in die englische Sprache übertragen? (Hier ist es das Ziel, eine E-Mail zu verfassen, in der du dem Schüler Phil ein Auslandsprojekt beschreibst, an dem er nach Beendigung der Schule teilnehmen kann.)
   Was soll beschrieben werden? (Du sollst beschreiben, was die von dir ausgewählte Person im Ausland tat sowie mindestens vier Aspekte bzw. Erfahrungen benennen, die für die Person damit verbunden waren.)
2. Du sollst also aus zwei Berichten einen auswählen, von dem du ihm erzählst.
   Lies nun mit dieser Fragestellung beide Texte in Ruhe durch.
3. Deine Auswahl sollte die sprachlichen Anforderungen der beiden Texte berücksichtigen.
   Prüfe, welchen Text du recht gut ins Englische übertragen könntest.
   Wo schätzt du deine Kenntnisse in Bezug auf die erforderlichen sprachlichen Mittel besser ein?
   Gibt es einen Text, bei dem du auf den ersten Blick erkennst, dass du viele der wichtigen Hauptwörter (Nomen, Verben, Adjektive) nicht übersetzen könntest? Dann entscheide dich gegen ihn.
4. Markiere nun in dem ausgewählten Text **wichtige** Informationen.
   Die fünf W-Fragen können dir dabei helfen: **Wer**, **Wo**, **Wann**, **Was**, **Wie**?
5. Nimm einen Schmierzettel und übertrage diese Informationen, die du zu den W-Fragen ermittelt hast, ins Englische. Nutze die Arbeitstechniken auf S. 101, um unbekannte Wörter zu umschreiben. Denk daran, dass du nicht jede Information wortwörtlich übersetzen musst!
6. Schreibe nun deinen Antwortbrief. Schreibe **vollständige** englische Sätze.

C 3 Test 2

Writing Part 1: Your Photo

AUFGABEN

You have posted this photo online. Your friend Sarah wants to know more about it.

- React to her comment and answer the questions.
- Write 40–50 words.

How funny!
Where was this picture taken?
Who are these two?
Why are they dressed like that?
How did other people react?

/ 5 P.

Writing Part 2: A Camping Trip with Friends

AUFGABEN

You have found this message posted on the internet.

- Write a letter to Ian and answer his questions.
- Write between 100–160 words.
- Do not use internet slang.

Hi there,
I'm quite angry at the moment. My parents are impossible! I'm 15 years old and they won't allow me to go on holiday with my friends! Some of my classmates want to go camping in Spain for a week and my parents just say "No". They say there's not enough money and they think I'm too young to go abroad without them. I can have a week in the Welsh mountains together with them! That's just so boring! Is this normal? What do you think? Are you allowed to go on holiday without your parents? What can I do to convince my parents to let me go? How could I get some extra holiday money? All ideas are welcome!
Thanks, Ian

Hi Ian,

Inhalt: /5 P.	Sprache: /5 P.	Gesamt: /10 P.

⋆ Writing Part 3: Mediation – Young German Talents

AUFGABEN

Your English-speaking friend Kim is doing a project about young talents in other European countries. She wants your ideas for the project from Germany.

- Read the two profiles you have found online.
- Choose **one** profile.
- Write an email to Kim and tell her about your chosen talent.
- Say what the person you chose does and mention at least four aspects of their career.
- Do not translate word for word.
- Write complete sentences.
- Write on a separate sheet of paper.

Inhalt: /5 P.	Sprache: /5 P.	Gesamt: /10 P.

ACE TEE (Rapperin/R&B Musikerin)

Für H&M hat sie 2017 eine 16-teilige Modekollektion entworfen, bei Cro war sie Gastmusikerin, und ihr Lied *Bist du down* wurde selbst in den USA und Kanada zum Hit. Ihre erste EP *Tee Time* erschien im September 2017.

Ace Tees bürgerlicher Name ist Tarin Wilda. Sie wurde 1993 in Berlin geboren und wuchs dann im Hamburger Stadtteil Jenfeld auf. Ihre Eltern stammen aus Ghana. Nach einem abgebrochenen Besuch der Akademie POP im Hamburg machte sie eine Ausbildung zur Hairstylistin. Daneben begann sie unter dem Künstlernamen *MEDUZV* Musik zu machen.

Im Jahr 2016 veröffentlichte Ace Tee ihr Lied *Bist du down,* das sie mit dem 21-jährigen Rapper *Kwam.e* aufgenommen hatte. Das Video dazu drehte sie in Eigenregie unter einer Eisenbahnbrücke in Hamburg-Altona-Nord. Der Clip machte sie dann über die Grenzen Deutschlands hinaus bekannt: Eine Twitter-Nutzerin aus Kanada war davon so begeistert, dass sie das Video verbreitete und Ace Tee mit berühmten 90er-Jahre Musikern wie TLC bzw. Alijah verglich. Der Clip wurde trotz der deutschsprachigen Lyrics so populär, dass selbst die Modezeitschrift *Vogue* darüber berichtete.

Das hatte sicherlich damit zu tun, dass Ace Tee außer der Musik auch eine Leidenschaft für Mode hat. Im Video zu *Bist du down* trägt sie mehr als zehn verschiedene Outfits. In einem Interview mit der ZEIT sagte sie sinngemäß, wie wichtig es ist, dass man authentisch zeige, wie man ist und wie man sich fühlt – auch durch Kleidung. Man könne auch mit einer Jogginghose im Club tanzen oder mit einer breiten Zahnlücke rumlaufen. Das sei ihr Credo.

inhaltliche Quellen: https://de.wikipedia.org/wiki/Ace_Tee; http://www.zeit.de/2017/38/ace-tee-rapperin-tee-time-h-m-kollektion

Edin Hasanović (Schauspieler)

Seine Mutter flüchtete mit ihm als Baby vor dem Krieg in Bosnien-Herzegowina nach Berlin. Hier wuchs Edin Hasanović auf. Als Kind liebte er es, Leute nachzuahmen und schon mit sieben Jahren probte er eine Oscarrede vor seiner Familie.

Inzwischen ist der 1992 geborene Edin Hasanović einer der erfolgreichsten Jungschauspieler Deutschlands. Mit 13 nahm er an mehreren Castings teil und stand kurz danach auf der Bühne des Berliner Ensembles. Dort arbeitete er zwei Jahre lang als Schauspieler, bevor er mit nur 15 Jahren eine Rolle in der Fernsehserie „KDD – Kriminaldauerdienst" erhielt, in der er von 2007–2010 mitspielte. Trotz Theaterarbeit und Fernsehdreharbeiten fand Edin genug Zeit zum Lernen und legte 2011 sein Abitur an der Heinz-Schliemann-Schule in Berlin-Prenzlauer Berg ab. Wie er Schule und Filmen vereinbaren konnte? Neben eigener Arbeit und Selbstdisziplin unterstützten ihn seine Lehrer und die Filmemacher, indem sie z. B. Dreh- und Klausurtermine aufeinander abstimmten.

Inzwischen ist Edin Hasanović dem deutschen Publikum auch durch Hauptrollen in verschiedenen Filmen bekannt. Für seine Rolle in „Schuld sind immer die Anderen" erhielt er 2016 den Filmpreis Goldene Kamera als bester deutscher Nachwuchsschauspieler. Es folgten weitere Nominierungen und Preise. Unter anderem wurde die deutsche Dramedy-Miniserie „Familie Braun", in der Edin Hasanović einen Neonazi verkörpert, der mit einer Afrikanerin ein Kind zeugt, im November 2017 sogar als internationale Produktion mit dem bekannten US-Fernsehpreis Emmy ausgezeichnet. Sicherlich bleibt dies nicht der letzte Preis für den jungen Schauspieler, der schon an weiteren Filmprojekten arbeitet.

inhaltliche Quellen: https://de.wikipedia.org/wiki/Edin_Hasanovi%C4%87; https://www.gala.de/stars/starportraets/edin-hasanovic-20608800.html; https://presseportal.zdf.de/pressemitteilung/mitteilung/international-emmy-fuer-zdf-dramedy-serie-familie-braun/

Quellenverzeichnis

Textquellen

82 Mark Wilding: „Meet the marathon cheats“, adapted from: https://www.theguardian.com/global/2018/oct/28/meet-the-marathon-cheats. © Guardian News & Media Ltd 2021 (Zugriff: 04.02.2022)

Hörquellen

56 “Radio Ads”: Ad 1: http://www.getthru.govt.nz/themes/getthru/templates/vwluResources/CVD-have-a-Radio/$file/CVD-have-a-Radio.mp3 (Zugriff: 04.02.2022); Ad 3: https://dps.mn.gov/divisions/ots/audio-visual-library/Documents/transcript-texting-tonight-at-10-radio.pdf#search=headbobber (Zugriff: 04.02.2022); Ad 4: https://www.nasa.gov/pdf/404505main_DJ_PSA_trans.pdf (Zugriff: 04.02.2022)

Bildquellen

8 1: iStockphoto.com/lisafx; 2: stock.adobe.com/bolderdi15; 3: stock.adobe.com/Cristian; 4: fotolia.com/Dan Race

9 1: stock.adobe.com/Ottoson, Jens; 2: fotolia.com/hansenn; 3: Shutterstock.com/Suriya KK

22 1: iStockphoto.com/Damir Khabirov; 2: iStockphoto.com/Deagreez; 3: iStockphoto.com/Ridofranz; 4: iStockphoto.com/stockfour; 5: Alamy Stock Photo (RMB)/du Feu, Geoff

36 1: iStockphoto.com/AaronAmat; 2: iStockphoto.com/bob_bosewell; 3: stock.adobe.com/Dietl, Jeanette; 4: stock.adobe.com/kite_rin; 5: iStockphoto.com/shironosov

48 1: iStockphoto.com/nilimage; 2: iStockphoto.com/Poike; 3: Thinkstock/Purestock; 4: Thinkstock/Siri Stafford; 5: stock.adobe.com/contrastwerkstatt

54 A: stock.adobe.com/Vasilyev, Alexandr; B: iStockphoto.com/Georgijevic; C: iStockphoto.com/CAP53; D: iStockphoto.com/Wavebreakmedia

55 oben: A: Shutterstock.com/IVASHstudio; B: iStockphoto.com/BVDC; C: Alamy Stock Photo (RMB)/PCL; D: Shutterstock.com/miami beach forever
unten: A: iStockphoto.com/GlobalP; B: stock.adobe.com/Havukka; C: iStockphoto.com/Fahroni; D: stock.adobe.com/ksuksa

57 1: fotolia.com/Gerhard Seybert; 2: Shutterstock.com/Pu.Chew; 3: stock.adobe.com/Ukrainets, Irina

60 1: stock.adobe.com/ikostudio; 2: Shutterstock.com/Cookie Studio; 3: stock.adobe.com/Santos, Luis; 4: Alamy Stock Photo (RMB)/Henry Westheim Photography

61 Shutterstock.com/WAYHOME studio

65 iStockphoto.com/merc67

91 1: stock.adobe.com/fizkes; 2: fotolia.com/JackF

94 1: fotolia.com/wildworx; 2: Alamy Stock Photo/Gasson, Adam

97 1: iStockphoto.com/Roman Tiraspolsky; 2: fotolia.com/Monkey Business

102 stock.adobe.com/Oleg

105 1: stock.adobe.com/irenegreco; 2: fotolia.com/micromonkey

108 iStockphoto.com/nndanko

111 1: fotolia.com/Brian Jackson; 2: stock.adobe.com/alexlmx

Illustrationen: Hans-Jürgen Feldhaus, Münster;
Bettina Kumpe, Braunschweig (S. 54);
Sabine Schönauer-Kornek, Wolfenbüttel (90.1);
Franziska Kalch, Gornau (90.9)